ひとりメーカーの教科書

モノづくりで自由に稼ぐ4つのステップ

株式会社ササル代表取締役
マツイシンジ

青春出版社

◎本書の内容は万全を期して制作しておりますが、本書の情報を用いた運用はお客様自身の責任において行ってください。運用した結果に関して、著者及び出版社は一切の責任を負いかねますこと、予めご了承ください。

◎本書は、2024年11月現在の情報に基づき、制作されたものです。本書で紹介するウェブサービス、ツール、各種サイトの仕様や情報、作業画面はご利用時に変更されている可能性がございます。

はじめに

・・

「好きな場所で、好きなときに働きたい」
「将来に備えて、新しい収入源をつくりたい」
「仕事の人間関係や通勤時間がストレス…。何か新しいことにチャレンジしてみたい」
これらを一気に叶えてくれる働き方があります。
それが、本書で紹介する「ひとりメーカー」です。

たった一人でメーカーとしてモノづくりをし、それを販売して自由に稼ぐ。
一人でメーカーのような仕事を行うから「ひとりメーカー」。
本書には、知識ゼロの状態からひとりメーカーを始め、続けていく方法をまとめています。

「一人でモノづくりってどういうこと…？」
「そんなこと、本当にできるの？」
など、いろいろ疑問がわいている方もいるでしょう。
でも、心配しないでください。今ある仕組みやＡＩを活用すれば、一人でモノづくりをするのは、全く難しくありません。

普通の会社員だった私も、資金ゼロ、アイデアゼロ、
さらに副業から、ひとりメーカーを

始めました。それが現在では、自分のブランドショップを運営し、社員ゼロで年商２億円を稼ぐようになっています。

私がひとりメーカーの実践法をお伝えした方たちの中にも、始めてすぐに1000万円以上を売り上げた方が少なくありません。
皆さん、何か特別なスキルや資格を持っていたわけではなく、会社員、主婦、アルバイトなどバックボーンはさまざまですが、ごく普通に働いていた人たちばかりです。

ここ数年で私たちを取り巻く環境は大きく変わりました。
特に近年の物価高には目をみはるものがあります。
「給料だけでは生活が厳しいから、もっと収入源を増やしたい」
「会社に勤めているだけで、将来、大丈夫かな…」
このような悩み・不安を抱えている方も多いでしょう。

副業でも起業でも、新しく何かビジネスを始めたい人にとって、ひとりメーカーはうってつけです。
数ある「稼ぐ系ビジネス」の中でも超初心者向きで、成果が出やすく、ストレスフリーで、何より面白い仕事だと自信を持っていえます。

ひとりメーカーの基本は「モノを売る」という「この世で最もありふれたビジネスモデル」。
だから、誰にでもとっつきやすく、

ビジネスのはじめの一歩として最適
なのです。
物を売るというと、転売ビジネスを思い浮かべる人も
いると思いますが、他のお店で販売している商品を仕入れ
て売るのではなく、自分だけのオリジナル商品をつくるから
楽しいし、商品に愛着もわきます。

「そんなこといわれても自分にはオリジナル商品をつくるスキ
ルも、アイデアもないから…」
その心配はいりません。
必要なのは、普通の人が何を欲しがっているのか、いくらな
ら買うのかがなんとなくわかる「普通の感覚」です。
奇抜なアイデアやずば抜けたセンスは不要。人より詳しいこ
とも、得意なこともいりません。特別なスキルや知識を身に
つける必要がないので、今すぐ始められるのです。
もちろん、すでにつくりたい商品やアイデアがあるのなら、
そのアイデアを磨いていくこともできますし、自分の経験や
興味から生まれたアイデアを、具体的な物の形にして、世に
出すこともできます。

「でも、モノづくりをするなら、潤沢な資金が必要なのでは…?」
と思われるかもしれませんが、それも必要ありません。
実店舗を開店するとなれば数百万ものお金が必要です
が、ひとりメーカーで活用するのはネットショップ。

家にいながら、少ない資金でお店を開店できます。

　ここで実際に「ひとりメーカー」を実践し、成果を出されている方を少し紹介しましょう。

・カー用品をつくった30代会社員のAさん。はじめてつくった商品にもかかわらず2000万円以上の売り上げを達成し、大手カー用品店のバイヤーとも商談。
・毎日重たいランドセルを背負って学校へ通う息子のためにアイデアグッズをつくった主婦のBさん。グッズ販売で毎月コンスタントに200万円の売り上げを稼いでいます。
・間も無く迎える定年を見据え、新たな趣味と収入源を探していたCさん（60代男性）は、オリジナルブランドの包丁をつくり、Amazon、楽天市場、Yahoo!ショッピングと複数の販路で販売。たった1商品で月商500万円を達成し、ゆとりのある生活を送られています。

このように、ごく普通の方々が「ひとりメーカー」を実践しているのです。
　また、ひとりメーカーはパソコン1台あれば、時間や場所を問わずにできる仕事なので、
　　　「家族との時間を大事にできる余裕のある暮らしがしたい」
　　　「好きなときに、好きな場所で働きたい」
　　　　　　　　　という願いも叶えることができます。

ひとりメーカーのメソッドを手にすることで、人生がより豊かに、余裕があるものに変わるはずです。

いかがでしょう。「やってみたい」「楽しそう」と思っていただけたでしょうか。
本書では、モノづくりはもちろん、物販自体がはじめての方でも理解いただけるよう、「Amazonなどのネットショップで商品を売るコツ」「どう売れば、より稼げるのか」「多くの方に商品を届けるためのＰＲの手法」など、つくったものを売るためのノウハウやルールも丁寧にお伝えするので、安心してくださいね。

自分一人でメーカーなんてできるわけない…と思っていたあなたも、この本を読み終えたら、**自分の商品やブランドをつくって稼いでみたい！ 自分のアイデアを形にしたい！** とワクワクした気持ちに変わっているはず。
さあ、人生を変えるひとりメーカーを一緒に始めましょう！

「ひとりメーカー」の教科書

コンテンツ

はじめに 3

第1章

自由とお金を手に入れる
「ひとりメーカー」のすすめ

そもそも「ひとりメーカー」って何ですか？ 28

ひとりメーカーには、
特別な知識も資金も必要ありません 31

他のビジネスにはない「2つのメリット」 32

なぜ、サービスより
「物」を売るべきなのか 35

「好き」や「得意」がなくても、
うまくいく理由 37

副業から始めて、
自分に合ったやり方で続けられる 40

今は、ひとりメーカーにとって最高の時代 42

大事なのはアイデアより、
圧倒的な「消費者目線」 44

「誰にお願いできるかな?」が
成功のカギ 46

「ひとりメーカー」で人生が変わります 48

第 **2** 章

ステップ1

「何を売るか」を決める
自然と売れる商品をつくるために大事なこと

|||||||||||||||||||||||||||||||||||||||||||||||||||||||||||||||||||||||||||||||||

このステップで、
売り上げは半分以上決まる！ 56

成功する人がやっている
「市場分析」とは 58

注目すべきは
「商品」ではなく「ジャンル」です 60

　【ジャンルを考えるときの4つのパターン】
　　パターン① 世の中で、売れている商品を売る

　　パターン② 自分の悩みを解消するもの、好きなものを売る
　　パターン③ 偶然出合ったものを売る
　　パターン④ 季節商品を売る

ジャンルを決めるときに注意すべきこと 70

「トレンド感×市場規模」で、
ジャンルを見極めよう 73

今、参入すべきジャンルを簡単に知る方法 77

「ドリルダウン思考」で商品を決める 79

検討商品にまつわる
ニーズや不満を可視化しよう 83

検討商品を徹底分析するための
2つのポイント 89

　　【CHECK POINT】
　　①ライバル商品の商品名、画像、説明文の書き方
　　②商品レビュー(否定的、肯定的なものすべて)

COLUMN セラースプライトは超便利 92

なぜ、低評価レビューや
ノーブランド商品をチェックすべきなのか 93

売り上げにつながる
「コンセプト」の決め方 95

コンセプトづくりのカギは
「ポジショニング×ターゲティング」 98

アンケートを使って
コンセプトを磨きあげる 101

第 **3** 章

ステップ2

商品をつくりあげる
スペック・価格・工場・ブランドづくり

商品をつくるために決めたい「4つのこと」.................... 108

決めること① スペック 109

決めること② 価格 111

   まずは 原価（商品制作にかかる値段）を知ろう
   次に 原価率ベースで値段を決めよう

決めること③ 工場 118

   中国工場から探す場合

国内工場で探す場合
ここを押さえれば大丈夫！ 工場への問い合わせ

決めること④ ブランドの方針 138

商品を売る前に、必ずチェックすべきこと 147

第4章

ステップ3

どこで売るか
デビューから継続販売まで

|||||||||||||||||||||||||||||||||||||||||||||||||||||||||||||||||||||||||||||||||||||||

デビューは「クラファン」一択です 156

【ひとりメーカーにとってクラファン販売が最適な理由】
① 在庫リスクを減らせる
② 価格競争に巻き込まれにくい
③ 商品の認知度を上げられる

なぜ、「Makuake」で売るべきなのか 162

売り伸ばしのチャンス
「おかわり」って何？ 164

代表的なクラファンサイト 比較表 166

はじめてでも簡単！
クラファンの始め方 168

売れている商品は「幸せ」の伝え方がうまい 169

【クラファンページに入れたい要素】
① 喚起　② 結果　③ 証拠　④ 信頼・権威
⑤ 共鳴　⑥ ストーリー　⑦ クロージング

商品のよさを伝える写真、
どう用意する？ 175

文章が苦手でも問題なし！
テキストづくりのコツ 178

　①ベネフィットを短く！
　②表現に注意
　③キーワードを入れ込む

クラファン成功のカギは
「スタートダッシュ」にある 180

プロジェクトの効果的な広め方 183

プロジェクトが成功したら 185

クラファン後、すぐにやるべきは
「Amazon販売」.. 186

COLUMN
万が一、クラファンができないor売れなかったら…？ 187

3大ECモール 比較表 189

「キーワード」を制するものが
Amazonを制す 190

Amazonページにも
「7つの要素」を盛り込もう 194

在庫と広告、ここを押さえれば怖くない！ 196

第 5 章

ステップ4

どう拡大する？

ひとりメーカーをさらに拡大するための
仕組み化と販路拡大

Amazon以外の販路へどう拡大する？ 204

①ECモールへの拡大 205

②自社ECショップで販売 206

③実店舗で販売 208

失敗しない！
商品ラインナップの増やし方 212

「仕事」に集中するため、
人にうまく任せよう 213

「人に頼むのが苦手」でもできる
外注法とは 215

COLUMN もしも、不良品が出てしまったら…？ 216

効果的な外注活用のための
3つのポイント 217

仕組み化に欠かせない
電話代行・Mail Dealer 219

受注から発送まで全部
自動化できるサービスも 220

AIを最高の相棒にする方法 221

【AIツールでできること】
①アイデアの壁打ち
②競合調査
③キャッチコピーや説明文の相談
④英語のスペルチェック
⑤画像処理

「ひとりメーカー」成功のために
大事なこと 226

①とにかく続ける
②完璧を目指しすぎない
③何事にも好奇心を持つ
④仲間をつくる

おわりに 230

「ひとりメーカー」の教科書

第 1 章

自由とお金を手に入れる

「ひとりメーカー」のすすめ

<登場人物>

目鹿 独人
ハウスメーカーの営業。仕事でなかなか成果が出ず、会社に居づらい。

目鹿 明花
ひとりの妻。平日のみのパートで働いている。

マツイ先生
ひとりメーカーアドバイザー。商品開発から販売までを一貫して手がける「ひとりメーカー」の実践法をはじめ、物販ビジネスの効果的なやり方を多くの人に伝えている。

ただいま…。

あれ、今日は飲み会じゃなかったの？

うん、同期の昇進祝いだったんだけど、なんだか居づらくて…。これで、同期で役職についてないのは俺だけになっちゃった…。後輩に「〝ひとり〟負けですね」とかいわれたよ。悔しいけどうまいこというよな…はは…。

…じゃ、私と飲も！ 話したいことあるし、私はうれしいな。おかずの残りと…、あと冷凍餃子も焼くね。

（俺と結婚して、めいちゃんは幸せなんだろうか。こんなふがいない俺の妻で…このままじゃダメに決まってる！）

熱いから気をつけて。そうそう、パート先の仲いい子が

今月で辞めるんだけど、なんでもクラファンで1000万円稼いだからそっちに専念するんだって。こっそり教えてくれた。

ぶっ！ いっせん!? そんなこと本当にあるんだね。

ね、私もびっくりしたよ。前ハンドメイドやってたんだけど、腰やっちゃったから、自分で考えた商品を工場でつくって売る方法を勉強したらしいの。「ひとりメーカー」っていうみたい。

「ひとりメーカー」？（なんかワクワクする響きだな）

ひとり君って、私が「こんなのあればいいのに」っていったらDIYでいろいろつくってくれたじゃない。寝ながらスマホいじると顔に落ちてくるーっていったら、カメラスタンドでそれっぽいのつくってくれたり。

そんな昔のこと覚えててくれたの？ 照れるな…。

当たり前でしょ。そういうの真面目に考えてくれる人ってあまりいないから、超うれしかったよ。ひとり君も「ひとりメーカー」向いてるんじゃないかと思うんだけど。

ええ！ 俺には無理だよ。才能ないもん。それに、そう

いう副業系とか怪しくない？

まあまあ。その子の師匠的な人を紹介してもらったから、週末に話聞いてみようよ。っていうか、もうアポとった。

は、話が早すぎる！

＊＊＊

（あっという間に週末になってしまった。なんか緊張するな…）ええと、カメラをオンにして…会議に参加をポチっと。

はじめまして。マツイです。

はっ！ はじめまして！ 今日はよろしくお願いします。

突然ですが、ひとりメーカーに興味を持った理由って何かあるんですか？

きっかけは妻にすすめられたからですが、僕、会社員なんですけど…恥ずかしながら出世も絶望的だし、昇給も何年もないし、通勤もつらいし…って、これはただの愚痴ですね。

私も会社員が合わなかったからわかります。いつの間にか上司も年下になってたりして。むしろ、よくやってたなと思いますよ。

…な、なんか意外です（すごい正直な人だな！ でも話しやすい…）。僕、貯蓄もないし、ずっと営業マンで他にスキルも資格もないんですが、もう40歳だし、妻を幸せにしたいし、今さらですが一旗揚げたいな、なんて…。

いいんじゃないですか。ひとりメーカーは別にスキルもいらないし、他に実践している人たちも経歴はバラバラですよ。会社員以外にも、主婦とか、リタイアしたシニアもいます。

そうなんですか！ でもさすがに「これだけはできなきゃダメ」みたいなものはあるでしょう？

ネットで物を売るので、まあパソコンは普通に使えたほうがいいですね。

それだけ？ いや、なんか図面とか描けないといけないんじゃないですか？ 工場に発注すると聞きましたし…。僕、そういう知識全然ないですよ。

そういうのは基本、人に任せればいいんです。もしくは

ＡＩです。

えーっ、なんか他力本願みたいな…。

ある意味これが一番大事かも。できないこと、苦手なもの、プロのほうがうまいものは、どんどん人に頼るし、使えるツールはどんどん使う！ 大手のメーカーだって、いろいろな部門に分かれているでしょ？ ひとりメーカーならなおさら一人でできることなんてたかが知れているのだから、他力は必須です。

ええ〜！ なんか意外です。え？ じゃあ僕は何をすれば？

基本的には商品開発ですね。

いや、でもひらめきとか想像力があるわけでは…。

大丈夫ですよ。ひとりメーカーは発明家とは違うので、そういう特殊な才能も必要ありません。

そうなんですね。え、じゃあ本当に誰でもできるんじゃ。

ただ、『こういうのあったらいいな。つくってみよう』というマインドのある人だと、きっと楽しいと思います。

どんな仕事も成果が出るまで続けるのが大事なので、ひとりメーカーを楽しめるならそれが適していたといえるかもしれませんよ。

(なんだか、思ったほどハードルが高くなさそうだぞ。俺にもできるかも…いや、絶対にうまくいくまでやってみせる)

そもそも「ひとりメーカー」って何ですか?

　時間や場所に縛られずに働けて、特別なスキルや資金がなくても始められ、継続的に稼いでいける。
　しかも、自分の経験を活かしたり、「こんな商品があったらいいな」というアイデアを形にしたりして世の中に出すこともできる。
　それが「**ひとりメーカー**」という仕事です。

　ひとりメーカーとは言葉通り、「ひとりでメーカー業」を行う仕事。実際に私もひとりメーカーとして独立し、年商2億円の会社を経営しています。

「え、ひとりでメーカーをやるの? それって物理的に無理じゃない?」
「自分で物をつくって自分で売るって、めちゃくちゃ大変そうなんだけど…」

　そう思われた方もいるかもしれませんね。
　メーカーの仕事といえば、

・**商品の企画を立てる**
・**材料の仕入れ先や工場を探し、商品をつくる**
・**商品を宣伝し、認知してもらう**
・**お店などで商品を売り、売り上げを立てる**

と、広範囲にわたります。「これ全部を一人でやるなんて無理無理！」と思う方がいても当然です。
　でも、心配ありません。さまざまなインフラが整った現代では、これを「ひとり」で行うこともできるのです。

　正確には、先ほどのすべての業務を「物理的にたった一人でやる」わけではありません。
　一般的なメーカーでも営業、製造、広報などさまざまな部門に分かれており、みんなで分業していますよね。
　ひとりメーカーも同じ。基本は一人で考え動くけれど、手が足りないところはクラウドソーシング（ネットやアプリを介して不特定多数の人に業務を依頼すること）で外注したり、ＡＩを活用したりして、分業して仕事を進めていきます。
　自分自身は司令塔、あるいはハブとしての役目を果たすのがひとりメーカーの働き方といえるでしょうか。

今、世の中にあるシステムを最大限活用すれば、工場がなくても、社員を雇わなくても、自分の欲しい商品をつくり、それで生計を立てていくことができるのです。
　そんなこれまでの常識を越えた仕事を行う方法をお伝えするのが、本書です。

僕が「司令塔」になるのか…！
ちょっと緊張するけど、楽しそう！

「分業して仕事を進めるノウハウ」は、
ひとりメーカーじゃないことにも役立ちそうだね。

ひとりメーカーには、特別な知識も資金も必要ありません

「いくらシステムを使えるといっても、物をつくって売るとなると、専門的な知識が必要なんでしょ？」
と思われる方もいるかもしれませんね。

実際は、必須知識やスキルはほとんどありません。
小学校卒業レベルの算数力と、パソコンの基本操作ができれば十分。今までパソコンになじみのなかった70歳代の方でも問題なくできていますので、普通に仕事などでパソコンを使っている人なら、まず心配ないでしょう。

また、「そんなにたくさんの人を雇える資金や人脈はない」という心配も無用です。私はたくさんの方の力を借りてひとりメーカーをしていますが、**社員は一人も雇っていません。**

経理・事務や顧客対応なども外部の人にお願いしていますが、どの方とも一度もリアルで会ったことはないし、そもそも海外在住の方もいるので会うのはほぼ不可能です。

継続的に仕事をお願いしている方もいますし、スポット的に「ここだけお願いしたい！」というところだけ、仕事を依頼することもあります。いずれにしても業務委託というかたちで事足りています。

社員を雇わなくても、大きな資金がなくても、専門知識がなくても、やり方さえわかれば「メーカー」として独立することは難しくありません。

他のビジネスにはない「2つのメリット」

ひとりメーカーの仕事は、とてもシンプル。

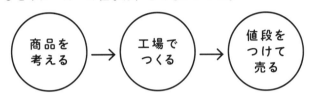

このサイクルを、商品ごとにぐるぐると回すのが、ひとりメーカーの仕事です。
「商品を売る」といわれると難しく感じるかもしれませんが、制作費より高い値段をつけて売れば、必ずもうけが出ます。
　当たり前かもしれませんが、物を売るビジネスの基本はこれだけです。

　ただ、「物をつくって売るビジネス…？ それって、ハンドメイド作家とどう違うの？」と思う方もいるかもしれませんね。
　また、「安く仕入れて高く売るんなら、転売ビジネスのほうが手軽では？」と感じた方もいるでしょう。
　確かに、工場を巻き込まなくていいぶん、ハンドメイドや転売ビジネスならもっと手軽に商品を用意できます。

　ただ、ひとりメーカーはさまざまな点で、ハンドメイドや転売ビジネスと異なります。
　まず異なるのが、将来のスケール。つまり事業拡大の可能性

です。

ハンドメイドがどれだけ得意な人でも、一人である程度の質を担保しながらつくれる数には限界がありますよね。転売ビジネスなら、市場に出回っている商品の数に限りがあります。

例えば100個の注文がきたときに、ハンドメイドで、100個のイヤリングを納期以内につくれるのか、転売ビジネスなら100個の白ロムスマートフォンを必ず仕入れられるのか…ということです。

ハンドメイドでも、転売ビジネスでも100個単位の注文にこたえるのは、なかなか難しいのではないでしょうか。

また、ハンドメイドの場合は「手づくり」の希少性こそが価値になるビジネスだと思いますので、そもそも目指すところが異なります。

ひとりメーカーは注文がきたら工場に発注すればよいので、**大きな問題が起きない限り、在庫数に限界はありません。**

もし、商品をつくっている工場で何かあれば、別の工場を探せばよいだけ。事業が立ち行かなくなることはほとんどないと思います。

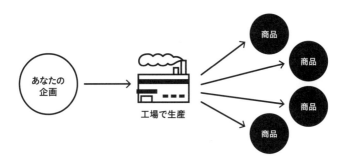

また、「**自分が稼働し続けなくても商品が生み出せる**」というのも、他の2つのビジネスとの大きな違いです。

　常にアクセサリーをつくり続けたり、定価より安い商品を探し回ったりしなくてよく、「自分が稼働できないときでも、売れる仕組みさえつくっておけば収入が発生し続ける」のは、ひとりメーカーならではのメリットでしょう。

仕組みさえできれば、稼働しないときも稼げるように

なぜ、サービスより「物」を売るべきなのか

　物をつくったり、売ったりするのはハードルが高いので、初心者は無形のサービスを売ったほうがいいのでは？　と考える人もいるかもしれません。

　それこそ身ひとつでできるアフィリエイトや動画編集、プログラミングや講師業などから始めるほうが在庫もないし、低リスクだと考える方もいるでしょう。

　このあたり、考え方が分かれると思いますが、**私にとってはサービス販売のほうがよほどハードルが高いように思います。**
　なぜなら、お金をいただけるレベルの知識やスキルを身につけるには時間がかかるし、誰でもできるというものではないからです。

　それに、自分の技術やサービスにいくらの値付けをするのか、これは非常に難しいでしょう。形あるものと違って、サービスには相場がありません。
　「ペットボトルのお茶は130円前後」のように相場感がある「物」と違い、例えばヨガのレッスンなら数千円〜数万円まで幅広い値段設定が存在します。
　激安価格でやれば自分がつらいし、無名の個人が一回〇万円のような教室を開いてもなかなか人が来てくれません。
　「何者でもない無名の個人」だからこそ、自分ではなく、あ

くまで売りものに値段をつけるビジネスのほうがやりやすいと思うのです。

　また、在庫に関していえば、万が一商品が売れなければ利益が出るぎりぎりの値段で安く売るなどの「逃げ道」もあるので、基本的に大きな赤字が出たり、在庫を抱えたりすることはありません。

　さらに、**物と金の交換は大昔から行われてきた、子どもでも知っている商売の仕組み**です。

　金の部分が現金ではなく仮想通貨に変わったとしても、この仕組みは未来永劫変わることはないでしょう。

　みんなが知っている仕組みだから、買い手にとっても、売り手にとっても安心感があります。

　特に、はじめて何かを売る人にとっては、自分自身も消費者として物を買った経験があるので、自分が物を売る側になるということも想像がつきやすいと思うのです。

「好き」や「得意」がなくても、うまくいく理由

 ひとりメーカーの醍醐味は、なんといっても**「こんな商品あったらいいな」「誰かつくってくれないかな」**という夢を自分で叶えられること、そしてできたものを売ることで**「こんなの待ってた！」**と、あなたのアイデアが世の中に受け入れられることだと思います。

 既製品がないから自分でDIYしているものがある人は、思い切って工場に発注し、売ってみてはどうでしょうか。実は、多くの人がその商品を待っているかもしれません。小ロット（少量生産）でつくってくれる工場も、結構あるんですよ。

 私もキャンプ好きが高じて、ひとりメーカーになってからは、さまざまなキャンプ用品をつくって売っています。
 お客様から「これをつくってくれてありがとう」といった感謝のメッセージが届くこともあり、そんなときは本当にうれしいものです。

 ただ、そこまで**深くハマっている趣味や、既製品で満足できないほど極めているものがないという方も全然問題ありません。**
 その場合は世の中のニーズを冷静に見て、商品企画をすればいいだけ（詳しい方法は第2章で紹介していきますね）。
 むしろ、好きなもの、詳しいものをつくろうとすると、初心者のニーズがわからなくなったり、世間の声より自分の感覚を

優先してしまったりして、つくったものがさほど売れないことも多いのです。

　いつの時代も売れるのは「ビギナー向け商品」。
「知らないという感覚」や「ビギナー目線」は、商品を知れば知るほど薄れていってしまうため、得難い宝です。

　好きも得意もないあなたにこそ、ひとりメーカー適性があるともいえます。

　世の中のニーズを探るというと難しく感じるかもしれませんが、例えば普段の生活の中で、「**この商品好きなんだけど、ここが惜しいな〜**」などと思ったことはありませんか。
　オーダーメイドでもない限り、市販品にはそういう不満はつきものです。
　ある部位がちょっと短いとか、ここに取っ手があればよかったのにとか、持ち運べるようにもう少し軽ければとか、折りたためればとか、別の商品のよいところと組み合わせられたら完璧なのにとか…。
　これらを解決できるのがひとりメーカーであり、ここに商機があります。

既存品　　あなたの視点　　オリジナル

ひとりメーカーなら、よい商品や人気商品の「惜しいところ」を改善し、自分にとって完璧に近い商品を生み出すことができます。

自分の欲しかったものが手に入るだけでなく、それが世の中のニーズに合えばしっかりお金も稼げるのです。

「ここが惜しい」と思った商品の口コミを読んでみると多くの場合、自分と同じ不満を持っている人がいます。

その不満を解消する商品をあなたがポンと市場に出してあげれば、その人たちにも喜ばれるはずです。

ひとりメーカーで成功している人の中には
「ちょっとした不満」を商品開発に活かしている人、
結構いますよ。

特別なアイデアがなくてもいいなら、
なんかできそうです…！

副業から始めて、
自分に合ったやり方で続けられる

　私はひとりメーカーのやり方を人に教えることが多いのですが、実践者の方は会社員や主婦がほとんどです。

　本業の傍ら、ひとりメーカーを始める方も多くいます。

　さらに、ある程度ひとりメーカーとして成果が出たあとも会社を辞めず、副業で続ける方が多いのです。

　私はこの**「本業を持ちつつ、副業でひとりメーカーで稼ぐ」という方法を最もおすすめしています。**

　この方法をおすすめする理由は、私自身の経験にあります。

　私は過去に、副業ではなく「ひとりメーカー」として独立する選択をしました。そのときは考えもしませんでしたが、その選択は「失敗したらあとがない状態に自分を追い込むこと」でもあったのです。

　そのため独立したばかりの頃は、何か決断したり、アクションを起こしたりするたび、ドキドキしていたのを思い出します。今となっては、そのプレッシャーがあったからこそ短期間で予想以上の成果を出せたのかなとも思いますが、お子さんがいるとか、住宅ローンを抱えているとか、背負っているものが大きい方にこのスリルを味わってくれとはいえません。

　どんなことでもそうでしょうが、一握りの天才以外はいきなり成果を出せないので、本業の収入は手放さず落ち着いて取り組むのがよいでしょう。

貧すれば鈍するというのは本当で、追い込まれると普段なら絶対しないようなミスや、誤った選択をしやすくなります。
　心の安定は仕事の成果にも大きくかかわるのです。

　だからこそ、まずは小さく始めてみましょう。これは今、会社などで働いていない方も同様です。**一人でやっているのですから撤退のタイミングも自由**。最悪、合わないと思ったらそこでやめたって痛手はありません。

　小さく始めて大きく育てることも、そのまま小さく続けることもできる。
　この自由度の高さがひとりメーカーのよいところ。一つの商品が売れてきたら、ラインナップを増やして拡大していくことだってできるし、逆に商品数を増やさず小さいまま続けていくこともできます。
　うまくいったら独立するもよし、ひとりメーカーは副業として続け、リッチなスーパー会社員として活躍するもよし…と、さまざまなロードマップを描けるでしょう。
　年をとってもできるので（実際、高齢の実践者もいます）、豊かな老後をゴールに今から始めるのもいいですね。

今は、ひとりメーカーにとって
最高の時代

　過去には「ネットで物を買うのは怖い」「お金だけとられて商品が届かなかったらと思うと不安」という時代もありました。しかし、今ではそんなことはなく、個人がネットで物を買うのが当たり前になっています。

　インターネットで物を買う人の割合は多くの年代で70％を超えているという総務省のデータもあり、もう**ほとんどの人にとってネットショッピングは日常です。**

【インターネットショッピング及びオークション・フリマの利用状況】

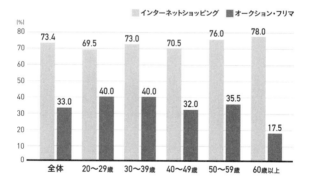

総務省『情報通信白書令和3年版』のデータを元に作成

　さらに、Ｄ２Ｃ（Direct to Consumer）といって自社商品を問屋などの仲介業者を通さず、消費者に直接届けるビジネスモデルも普及しています。

　これは誰でもネットショップを開設できるＥＣプラットフ

ォームの誕生などをきっかけに2010年ごろアメリカで誕生し、その後日本にも広まりました。仲介業者が入らない分、収益性が高く、直接顧客の声やデータも手に入ることからメーカーにとってはメリットがあります。

　D2Cのおかげで「自分でつくって直接お客さんに売る」ということがやりやすい土壌ができたのです。

　さらに、ネットショッピングの普及により、**名前が知られていないメーカーの商品を買うことのハードルもぐんと下がっています。**
「電化製品はソニー製しか買わない」
「ゼロハリバートンのキャリーしか認めない」
　と、名前やブランドを知っている会社の商品しか買わないという人もいるにはいるかもしれませんが、最近では少数派でしょう。
　むしろ、評判さえよければネットでよく知らないメーカーやノーブランドの商品を買う人も多くなっています。

　だから**「ひとりメーカー」が市場に入り込む余地がある**のです。今の段階では全く無名であろうあなたの商品を受け入れる顧客層が市場には存在しています。

大事なのはアイデアより、
圧倒的な「消費者目線」

　くり返しになりますが、ひとりメーカーを始めるのに、商品や売買に関する専門知識や莫大な資金は必要ありません。だから**どんな経歴の人でも、何歳からでも始められます。**

　商品の知識や販売にかかわる法的ルールなどは、商品企画や販売の段階で自然に身につけられますし、もし不安なことがあれば、**その道のプロに任せればいいだけ**です。

　事実、インフルエンサーでも何でもない普通の会社員や主婦が、生まれてはじめての商品販売を行い、1000万円以上売り上げることもざらにあります。

「商品開発をするのなら、とびぬけたアイデアがないと無理なんじゃ…」と、思われているのなら、その心配もいりません。

　アイデアがあるに越したことはありませんが、なくても商品はつくれます。

　ひとりメーカーでは、この世に存在しない全く新しいものをつくることを目指していません。**既存の売れている商品からヒントを得て、もっとよい商品を考えていくというのが主な手法です。**だから**誰でもできるし、発想力や創造力も必要なし**。どちらかといえば売れている商品をリサーチできることや、流行りものに興味を持てることが大事です。

　もう一つ、ひとりメーカーにとって大事なのは、**圧倒的な消費者目線**です。

あなたも物を買ったことがありますよね。そのときに、何に惹かれて買ったのか、なぜそれを選んだのか。物をつくるときも売るときも、そういう目線さえあれば、ひとりメーカーを行う準備はできています。

ただ、一人で行うビジネスは何でもそうですが、経験豊富な上司や、ＩＴに詳しい同僚はいないので、困ったことやわからないことを自力で調べるという覚悟は必要かもしれません。

でも、それさえあれば準備は万端。つまり、

・パソコンで調べものができるくらいのスキル
・インターネット接続環境
・パソコン一台

があれば、もう「ひとりメーカー」を始めることができるのです。

ウェブでもリアルでも、人のいる場所で物を売りたければ、場所代として出店料を支払わないといけませんが、今は、そういう**資金がなくても商品を買ってもらえるサービスもあります。**

具体的にいうと、クラウドファンディングがそれにあたります。どのようなサービスかは後々詳しくお伝えしますが、基本的に着手金が不要で、成功報酬を支払う方法なので、今お金がなくても利用することができます。

もちろん、資金があればそれなりの戦い方ができます。最初から出店料を支払ってネットショップに出店し、ＳＮＳなどに広告を出稿。ＰＲ会社に依頼して商品の露出を増やせれば、一気に自分の商品を広めることができるでしょう。

「誰にお願いできるかな?」が成功のカギ

　ひとりメーカーという言葉と矛盾しているようですが、ひとりメーカーを続けるには要所要所で**他人やＡＩ、既存のサービス、システムに頼り、うまく力を借りる必要があります。**

　苦手なことはどんどん人に割り振り、自分の仕事を大事なことに絞ってそこに注力することで結果を出すのが、ひとりメーカーの働き方です。どうやって他人に頼れば（依頼すれば）いいのか、使えるシステムやサービスが何かは、このあとの章で詳しく説明します。

　私はこれまでさまざまな方が「ひとりメーカー」として仕事をする様子を見てきましたが、自分でなんでもやろうと思う人ほどかえってうまくいかず、反対に**「できることが少ないので人に頼ろう」とする人ほど、うまくいきやすいと感じました。**

　これは当たり前かもしれません。私も独り立ちしたころは、自分でロゴをデザインしたり、顧客対応業務をしたりと、いろいろ自力でやっていました。
　ただ、あるとき、私が何時間もかけてつくったデザインより、プロが１時間でさっとつくったデザインのほうがはるかにクオリティが高いことを目の当たりにし、いい意味で諦めたのです。
　餅は餅屋。任せられるところは、任せていきましょう。

どんな分野でも専門知識を身につけようとしたら、何年もの時間がかかります。例えば商品販売ページのデザインをつくるためにデザインの専門学校に通う時間があるなら、自分が注力したい仕事（商品の研究や開発）に時間を使ったほうがよほど有意義です。

　私自身、ブレーンと司令塔の役目以外、ほとんどのことを人にお任せしています。**事務作業のほとんどは、自分で行っていません。**

　やろうと思えばできることもありますが、絶対にプロのほうが速いし正確です。自分の得意なことに集中して一点突破したほうがよほど効率がよいと思います。

　事業を始めたばかりで資金力もない場合は、すべての業務を人に依頼することは難しいでしょう。そんなときは、ビジネスを拡大するタイミングに合わせて少しずつ業務を手放していきましょう。

　自分でその作業をやった経験があれば、人にお願いするときにわかりやすく伝えられるし、どこにどれくらいの工数や時間がかかるのかも想像がつくので、スケジュールが組みやすくなります。

　基本の姿勢として、**今の自分でできないことに対して、「これから勉強して自分でやってみよう！」と考えるのではなく、「誰かにお願いできないか？」と考えてみること**です。

「ひとりメーカー」で人生が変わります

　私が「ひとりメーカー」を始めてから9年が経ちました。
　これまでにつくった商品は100品以上。一人で始めたメーカー業でしたが、今では年商2億円を越え、Amazon、楽天などのECサイトだけでなく、ホームセンターや雑貨店、家電量販店などの実店舗でも自社商品を売っています。

　ビジネスが拡大した分、忙しくなったのでは…？　と思われる方もいるかもしれませんが、それが逆。
　ここまでにお伝えしたように、**ひとりメーカーでは今あるシステムを使ったり他力を頼ったりして働くため、会社員時代よりも時間の余裕ができた**のです。
　通勤時間なども含めれば、仕事に費やす時間はかなり短くなりました。

　私はひとりメーカーの他にもいくつもの事業を動かしているので、そこそこ稼働時間が長いのですが、ひとりメーカーだけなら、副業でもできるくらい短く稼働することも可能です。
　もちろん日によってがっつり働くこともありますが、平日でも午前中で仕事を切り上げて午後は遊びに行くことも。このように自由に時間をコントロールし、自分のタイミングで働けるのは、この仕事の大きなメリットでしょう。

　通勤の必要がなくなったので、私は5年前に鎌倉に移住しま

した。趣味のＳＵＰ（Stand Up Paddleboardの略。水上でボードの上に立ち、パドルで漕ぎ進むスポーツ）が思う存分できるので、運動不足も感じていません。

毎朝決まった時間に起きて、満員電車に詰め込まれる苦痛を感じることもなくなり、本当にラクになったと感じています。

また、ひとりメーカーで得られたのは、時間の自由だけではありません。

人間関係の苦しみからも逃れられ、日々のストレスが大きく減ったのも、私にとっては大きな変化でした。

人に雇われないのは、とにかく気楽で身軽。

業務の中で誰かに頼るタイミングはありますが、そのときも「自分がお願いしたい人」に仕事を依頼できるので、会社のように人間関係で悩むこともありません。

もし、仕事を依頼したあとでトラブルが起きたり、どうしてもうまくいかなかったりしたら、付き合いを見直す選択もできます。

また、理不尽な仕事の割り振りや急な締め切りなど、周りに振り回されることなく、自分のペースで仕事を組み立て、進めていくこともできます（自分で立てたスケジュールに追い立てられることはありますが…）。

これは、**自分に決定権がある「ひとりメーカー」だからできること**。

仕事にからむストレスが激減したのは、私にとって大きなメリットでした。

ひとりメーカーで得られるもの

- 自由にできるお金
- 自由な時間
- ストレスフリーな人間関係

そして何より、ひとりメーカーをしていてうれしいのは、**企画から考え、イチから生み出した商品が多くの人に受け入れてもらえること**。

これは、他の仕事ではなかなか味わえない喜びで、まさしく人生が変わったと思える瞬間でもあるのです。

いかがでしょうか。「なんだかワクワクしてきた」「早くやってみたい！」と思ってもらえたらうれしいです。

次章からは、具体的な「ひとりメーカーの始め方」をお伝えしていきます。

つくりたい商品を考えながら、楽しんで読んでくださいね！

「ひとりメーカー」の教科書

第 2 章

ステップ1

「何を売るか」を決める

自然と売れる商品をつくるために大事なこと

よしっ、できた。めいちゃん、これどうかな？

 あ！「ごろ寝でスマホアーム」進化してるねー。

 うん！　モバイルバッテリーをつけて、充電しながら触れるようにもしてみた。これは画期的だぞ〜。早速マツイさんに見せよう！

***

 というわけで、僕の試作品第一号です。どうです？　これ売れそうでしょう？

 それ、リサーチちゃんとしました？

 えっ、イヤ。妻には聞きましたけど…。

 じゃあ、これが欲しい人、日本にどれくらいいるか、わかりますか？

 えーと、そこまでは…。

 そこが落とし穴なんです！　感覚に頼らず、市場を見極めないと大コケしますよ。ひとりメーカーはギャンブルじゃなくてビジネスなので、戦略をしっかり立てないと。

うえっ、めんどうくさ…いや、すみません。

 気持ちはわかります。ただ、**ひとりメーカーの成否は商品づくりで決まるといってもいい**。ここはじっくり腰を据えてやりましょう。

 ぶっちゃけ、何を売ったらいいですかね？

 ぶっちゃけすぎじゃない!?

 ずばり、**初心者は『もう売れているもの』を売りましょう。**

 売れているもの？ それって二番煎じとか後追いでいいってことですか？

 まあそうです。でも、世の中に『まだないもの』なんてないですよ。もし、画期的なアイデアを思いついても、もうすでに誰かが失敗して消えたものかもしれません。

 なるほど。でも売れているものってどうしたらわかりますかね。おっさんなもので、流行には疎くて…。

 では、次までの課題です。『売るジャンル』を決めておいてください。

ジャンルですか？ 商品ではなく？

 はい。キッチン用品とか、寝具とか、アパレルでもいいですが、大きなカテゴリを先に決めるんです。そのあと、具体的な商品を決めるほうがいいんですよ。それと、流行や売れ筋商品の探し方ですが…。

＊＊＊

 ただいまー！

 おかえり！ ねえ、どんな感じ？

 通勤電車の中は売れる商品の情報がたくさんあるってマツイさんがいってたけど、たしかに電車は企画のネタの宝庫だね。今までぼーっとしてたのがもったいないよ。

 何かよさげなジャンル思いついた？

 それはまだかな…。それにしても、昔はもっと本とか新聞を読んでいる人がいたけど、今はみんな寝てるかスマホいじっているかのどっちかだね。

 みんな疲れてるんだねー。私は今日トレンドを調べてたよ。今流行ってる！ ってテレビでいっているものを調べたら、

もう右肩下がりの商品だったりして面白いよ。

いいね！ そうだ、週末久しぶりに伊勢丹行かない？ 何が流行ってるか調査兼ねてさ。

＊＊＊

参入したいジャンルは決まりました？

はい。僕たちは「寝具」を扱いたいと思います！

理由を聞いてもいいですか？

電車のドア広告を見ていたら、睡眠の質を高める本が売れているようでした（そもそもみんな眠そうだし…）。

トレンドを追っても、寝具や睡眠については変動が少なくて、最近は特に注目が集まっているようでした。

百貨店でも寝具売り場が拡大してたし…、そういえば、睡眠サポートアプリやサプリメントも売れ筋商品になっていて、睡眠への注目の高まりを感じましたね。

なるほど。では、次は、具体的に売る商品を決めていきましょうか。

このステップで、売り上げは半分以上決まる!

第2章からさっそく、具体的なひとりメーカーのやり方についてお話ししていきます。ひとりメーカーの仕事の流れはおおまかに下記の通り。

まずこの章では、一番最初の「何を売るかを決める」について、詳しくお伝えしていきます。

ウェブ上で使ういくつかのツールも紹介していくので、ぜひ実際に画面を見て、できればスマホやパソコンを操作しながら読んでみてください。紹介したページはブックマークするのも忘れずに!

そしていきなりなのですが、実は**本章(何を売るかを決める)が、一番重要なフェーズ**です。

私は実践者の皆さんには、「ここで売り上げの半分以上が決

まるよ」とお伝えしています。

　いくらＰＲにお金を使っても、どんなに機能やクオリティにこだわっても、みんなが欲しがる商品をつくらなければ、商品が売れることはありません。
　これは消費者目線で考えたらすぐにわかると思います。
　どんなにいい素材を使っていたり、つくりが丁寧な商品であったりしても、使い道に困るものを買いたい人はいませんよね。
　せっかく時間をかけて商品開発をしても、**大本のコンセプトや商品のねらいそのものがズレていたら、かけた時間が無駄になってしまう可能性もあるのです。**
　それぐらい、何を売るか、何をつくるかを決めることは重要。この章はちょっと気合を入れて読んでくださいね。

確かに、どんなにいい商品でも
「使えないもの」は欲しくない…！

商品づくりやプロモーションなど、
すべての工程で「コンセプト」が土台になります。
だからこそ、ここが勝負なんですよ。

成功する人がやっている 「市場分析」とは

「何を売るかが、とても重要」ということはわかった。では、どうやって売るものを決めればいいのでしょうか。

このときに大事なのが、**市場分析**です。

・どんな商品が売れているのか？
・興味がある商品には、どんなライバルがいるのか？

これらを冷静に見極めましょう。

「すでに売りたいものが大体決まっているから、ここは読み飛ばそう」と思っている方も、ちょっと待ってください。

自分の売りたいものを売っていきなり利益が出る人もいますが、それはすでに商品ブランドがあるとか、一部のずば抜けた商売センスがある人だけです。

すでに売りたいものが決まっていたとしても、自分の感覚が正しいのかを裏付けるために、市場分析は必須です。

これは後々の話になってくるのですが、商品企画以外の場面**でも、「世間の需要を探り、ライバル商品を研究すること」は非常に重要です。**

「私の商品は、他の商品とどう違うのか」
「どこが優れているのか」

をきちんと明文化しておかないと、商品を売り出す場面でも困ります。いざ販売しても買ってもらえない可能性も少なくあ

りません。

　もちろん、どれだけ分析をしっかりしても失敗することはありますが、その確率を少しでも減らすために、**感覚ではなく、論理を味方につけましょう。**

　とはいえ、難しく考える必要はありません。市場分析をするときに常に念頭に置いておいてほしいのは「**お客様はこの商品を購入することで、どんないいことを手にするのか**」。

　これを忘れなければ、企画が大きく外れることはないはずです。
　また、これから説明するいろいろなウェブツールを活用すると、世の中のニーズに対する解像度がグッと上がるはず。
　自分で市場分析ができるようになりますよ。

注目すべきは「商品」ではなく「ジャンル」です

いくら市場分析が大事とはいえ、世の中に無数にある商品の中から、手当たり次第にリサーチをかけたら時間がいくらあっても足りません。

そこでまず、大まかなジャンル、**つまりどんな商品分野に分類される商品を売るのかを決めます。**

ジャンルとはどんなものかといえば、**キャンプ用品、衣類、キッチン用品、寝具、スポーツ用品、食品のような感じです。**

大きなデパートに行くと、服のフロアや家電のフロア、ペット用品のように売り場が分かれていますが、この「売り場の分かれ方」は「ジャンル分け」の一つのイメージですね。

なぜジャンルを先に決めるのかというと、人の脳は自分が意識している物事に関する情報を積極的に集めるようになっているからです。これをカラーバス効果といいます。例えば「キャンプ用品を売ろう」と決めたなら、そのタイミングから、テレビからキャンプ特集が流れてくれば耳が勝手に聞こうとするし、書店でアウトドア関連の情報誌ばかりが目に入ったりするようになります。

【カラーバス効果】

つまり、必要な情報がどんどん集まってくるようになるのです。だからこそ、「何をつくろうかな〜」とぼんやりしている段階であっても、大きな商品ジャンルだけは先に決めてほしいと思います。より具体的に、ジャンルを決めるためのヒントを4つのパターンにまとめてみました。気になるところから読んでみてください。

ジャンルを考えるときの4つのパターン

パターン❶ 世の中で、売れている商品を売る

メリット：売り上げをつくりやすい
注意したいこと：その商品に関して詳しくない場合、勉強が必要

詳しくはP.62へ

パターン❷ 自分の悩みを解消するもの、好きなものを売る

メリット：下調べが簡単、ポイントをついた商品をつくりやすい
注意したいこと：マニアックになりすぎてしまい、世間の感覚とズレてしまうことがある

詳しくはP.66へ

パターン❸ 偶然出合ったものを売る

メリット：既存の考えから抜け出たヒット商品ができる可能性がある、枠にはまらずに考えられる
注意したいこと：商品に詳しくない場合、勉強が必要

詳しくはP.67へ

パターン❹ 季節商品を売る

メリット：シーズンにハマると大きな売り上げをつくれる
注意したいこと：在庫管理。在庫を持ちすぎると、とたんに売れなくなることがある
・例）熱中症対策グッズ、防寒商品

詳しくはP.68へ

パターン❶
世の中で、売れている商品を売る

はじめての方に一番おすすめなのは、「売れているものを素直に売る」ことです。

自分の興味とか関心はいったん端に置いておき、人気のある商品、市場がある程度大きい商品を選ぶのです。

何が売れているのかを知るために、日頃からジャンル問わず、さまざまな情報に触れておきましょう。**Instagram や X（旧 Twitter）、News Picks や Yahoo! ニュース**などはこまめにチェックします。Yahoo! ニュースのコメント欄は現代人の本音が詰まっており、時代を映す鏡ともいえます。

街に出て最新情報を仕入れることも大切です。街ゆく人のファッションや持ち物、行列ができているお店、目を引く看板など。私はもう無縁になってしまいましたが、通勤電車は情報の宝庫でした。ドア横広告やつり広告、乗客たちの装いや話題など、乗る機会のある人はぜひ活用してください。

対象年齢や対象性別を問わず、複数の雑誌を横断して読むのもおすすめです。ドコモの **d マガジン**や**楽天マガジン**のような雑誌のサブスクリプションに加入しておくと、毎月たくさんの雑誌をスマホやタブレットで閲覧できます。絶対に自分では買わない雑誌も読めるので、発想が柔軟になりますよ。

「今売れている商品」は自宅からでも探せます。
Google が提供している無料のウェブツール **Google トレンド**

を使うと、今どんな言葉が、どれくらい検索されているのかを調べることができ、トレンド調査に役立ちます。

検索数の増減がグラフのようになっているのですが、この推移を見れば、その話題が注目されているのか、盛り上がっているのか、あるいは勢いを失いつつあるのかなどを推測できます。

Googleトレンド
https://trends.google.co.jp/trends/

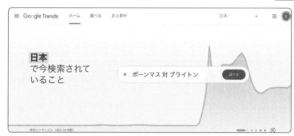

使い方は簡単です。検索窓に調べたいジャンルや商品について入力します。

その後表示された画面で検索期間を選択します。特定の期間を選択して、グラフの形を見てみてください。

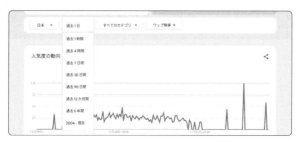

例えば、「2020年〜現在」などを選び、2020年から現在までのグラフ推移を見たとき、明らかに**右肩下がりならもう流行が過ぎている商品**かもしれません。**グラフの変動が少なく、長い間同じくらいの推移を保っている商品なら定番商品**だと判断できそうです。

　また、Googleトレンドでは今よく検索されているワードを閲覧することもできます。**「急上昇中」タブを見ると、今世間で何に注目が集まっているのかがわかります。**

　これらをヒントにして、売れ線の商品ジャンルを選んでみましょう。

　売れているジャンルを選ぶことのメリットは、ずばり売り上げを上げやすいということ。
　私見ではなく、すでに売れているという客観的な視点から判断できるので、「売れるかどうか出してみないとわからない」というギャンブル性をある程度排除できます。
　ただ、注意したいこともあります。

キャンプをやったことがなく、あまり興味もないのに「トレンドだから」と、キャンプ商品を扱うとしたら、時間をかけて市場調査を行わなければなりません。元々キャンプが好きな人に物を売るのですから当然ですよね。

キャンパーのブログを読んだり、場合によっては愛好家のコミュニティに入って深い知識を得る、実際に道具をそろえてキャンプに行ってみる必要もあるでしょう。

また、売れているものそのものをやる必要もなく、**売れているものの周辺にあるものや、売れているものを買う人の心理（○○になるとうれしいから、これを買おうなど）を考えて、商品ジャンルを決めるのも一つの手です。**

【売れているものからジャンルを考えるときのフロー】

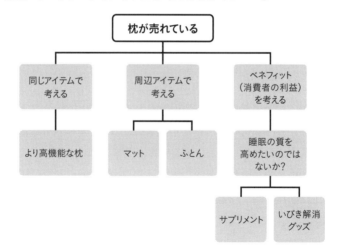

パターン❷
自分の悩みを解消するもの、好きなものを売る

　自分の好きなことや、自分の悩みを解消するものを売る方法もあります。いうまでもありませんが、**最初から基礎知識があるので、下調べにあまり時間がかからないのは、このジャンルを選ぶメリットです。**

　実際に自分が悩んでいる消費者の立場で考えられるので、「こういうのが欲しかった！」というポイントをついた商品が生まれることも多いでしょう。

　また、

・自分の興味があって売ってみたいもの
・自らの悩みを解消するもの

　こういうものをつくって売るのは、何よりやっていて楽しいので長続きしやすいと思います。

　ただ、好きなジャンルだと初心者の気持ちがわからなかったり、その商品が売れるかどうかより自分の感覚を優先してしまいがちだったりします。こうなってしまうと、ドツボ。この2つには、注意が必要です。

　私は商品企画で一番よくないのは、独りよがりになることだと思っています。「自分がいいと思ったから売れるはずだ」と、自分目線だけでつくる商品はなかなか売れません。好きという強い思いや専門知識がかえって邪魔になることすらあるので、好きなものを売るときは注意が必要なのです。

例えば、料理が大好きな人やキッチングッズマニアだと、特定の食材の皮を剥くためだけの道具とか、日本では知られていない海外の料理専門の調理器具とか、一般的な家庭ではそもそも使わないような商品を売り出そうとしてしまいます。

そういう人の周りにいるのは、大抵同好の士なので、「いいね、欲しい欲しい！」と同調を得られて、どんどん世間の感覚からズレていってしまいがち。

「欲しいけれどないからつくろう」というスタンスはもちろん大事なのですが、**市場にないということは需要がない可能性が高い**ということも忘れないでください。

パターン❸
偶然出合ったものを売る

偶然知った商品や全く知らなかったジャンルのものを売るというのも、一つの手です。

展示会に足を運んでみたら、思わぬ商品に出合った。これまで興味はなかったけれど、新しいコンセプトでとても便利そうだ。これは売ってみたら、反響があるかもしれない…など、ポテンシャルがある商品や企画のネタを見つけたら、それをかたちにするのもよいでしょう。

ここまでに紹介したパターン①と②は、自分の頭の中にあるアイデアやトレンドからジャンルを見つけていますが、この③の場合は、自分の経験や世間の常識外から得られるアイデアなので、新しいトレンドを生み出すなど、大きな可能性を秘めて

います。

　私が企画し、これまでに2万枚以上売り上げた「万能ジェルパッドココピタ」という商品があるのですが、これは海外の展示会で、偶然、元となる商品と出合って生まれたものです。
　展示会の他、**知人から「これ流行ってるよ」と教えてもらったジャンル、旅先で見つけたものなど、商品や企画のアイデアとの出合いはそこかしこにあります。**
　常に「どんなものが売れるかな」と考えながら過ごしていると、偶然の出合いが増えるはずです。

パターン❹
季節商品を売る

　定番商品ではなく、ある季節にだけ売り上げが上がるいわゆる**「季節商品」を検討するのもよいでしょう。**
　例えば、暑い季節のひんやりグッズ、寒い季節のあったかグッズ、長期休暇のレジャー商品などなど…。
　季節商品は、需要の高まりにタイミングが合えば、大きく売れる可能性があります。
　先ほどご紹介したGoogleトレンドで、熱中症など、季節に関係のありそうなワードを入れて、「過去12カ月」にして検索してみましょう。特定の季節だけグラフが突出した結果が見られると思います。

　ただし季節商品を扱う場合は注意点があります。
　季節商品はハマればガツンと売れますが、シーズンが終了す

ると途端に売れなくなります。

そのときに在庫をたくさん抱えていると、その在庫は翌年まで塩漬けになる可能性が高いです。

季節商品は販売数の推移と注文のタイミングを間違えると、大きな在庫を抱えてしまうリスクもあるので、やや上級者向けのジャンルといえます。

季節商品は在庫管理が難しい一面も

ジャンルを決めるときに注意すべきこと

　ジャンルを決めるときに気をつけてほしいことがいくつかあるので、お伝えしますね。

❶選んだジャンルは「マニアック」すぎないか?

　そのジャンルにお客様がいるのかどうかを、冷静に調査しましょう。特定の業界で使う機器や器具など、その仕事をする人にとっては必須でも、そもそもその仕事に従事している人が少ないものなどにも注意。専門店や都内の大きな商業施設にしか売り場がないような商品は、避けたほうがよいでしょう。

❷大手メーカーが売り上げのほとんどを占めている市場ではないか?

　市場が大きくても、大手国内メーカーの独壇場のような商品は、ひとりメーカーにとっては参入が難しいと思います。

　醤油といえばキッコーマンとか、ペットボトルのお茶といえば伊藤園というように、売り上げ上位はほとんど国内大手メーカーが占めているような商品ジャンルで売れる商品をつくるには、かなりの戦略やアイデアが必要です。

　市場が小さくてもだめ、大手メーカーの独壇場のようなところもだめなら、参入できるジャンルなんかないじゃないか…とお思いかもしれませんが、心配しないでください。

ちょうど中規模くらいの、個人でも参入しやすい「いい塩梅」のジャンルを知る方法があります。次の項目で紹介しますね。

❸この時点で商品を細かく絞りすぎていないか?

例えば、キッチン用品というジャンルを考えるとき、一口にいっても、鍋、包丁、トング、ザル、まな板などさまざまな道具がありますが、いきなり「よし、圧力鍋を売ろう!」などと勇み足で細かく決めすぎないでください。

私の場合、最初に大きなジャンルとして「キャンプ用品」を選び、テントやランタンなど手広くやっていたのですが、だんだんとフライパンやザルなどキャンプ料理にまつわるジャンルに絞っていきました。このように、どういうものが実際に売れたのかを振り返り、実績があるもの、手ごたえがあったものをさらに掘り下げていくほうがやりやすいと思います。

私がラインナップを料理周りのアイテムに絞ることで狙ったのは「キャンプ料理アイテムブランド」としての世間の認知を得るため、つまりブランディング(第3章で説明します)の一環でもあります。

❹販売時に「認証」が必要ではないか?

ものによっては販売時に検査が必要で、検査をクリアしたことを証明する認証が必要な場合があります。初心者や資金的に不安がある方は、認証取得が必須な商品は避けたほうがいいでしょう。次のページに簡単に、商品販売時に必要な認証とそれ

にかかわる法を紹介します。取得時の難易度でまとめているので参考にしてくださいね。

> ■**難易度低め**：電波法〈技適〉（ワイヤレスイヤホン、Bluetooth機器等に必要）、電気用品安全法〈PSE〉（電源コンセントを使用する家電製品等に必要）、食品衛生法（6歳未満向けのおもちゃ、食品用器具等に必要）
>
> ■**難易度高め**：植物防疫法（植物等に必要）、化粧品製造販売業許可（化粧品に必要）
>
> ■**手を出さないほうがいい**：薬機法（医療機器や薬等に必要）、ガス事業法（ガス製品に必要）

　注意したい商品はありますが、絶対参入しないほうがよい商品はありません。
　どんなにリサーチして最適な商品をつくっても売れないときもあれば、みんなに反対されたのにつくってみたら売れる場合もあります。
　ここまでの話はできるだけ危険を避け、最初の成功をつかみやすくするためのポイントとして覚えておいてください。

「トレンド感×市場規模」で、ジャンルを見極めよう

　大まかなジャンルを決めたら、実際にそのジャンルにどれくらい需要がありそうか、裏付けをしましょう。

❶ 商品ジャンルのトレンド感を調べる

　人間と同じで、商品にも栄枯盛衰があります。

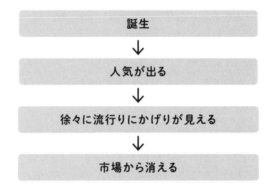

　この一連の流れを**プロダクトライフサイクル**といいます。

　プロダクトライフサイクルを見るときは、商品の売り上げ数を縦軸に、時間を横軸にして図式化し、**導入期→成長期→成熟期（→飽和期）→衰退期**というフェーズごとに売り上げの推移を分析したり、販売戦略を立てたりします。

　すべての商品に当てはまるわけではありませんが、多くの商

品は、市場に投入されたときから緩やかに売り上げを増やし、成熟期に頂点を迎え、衰退期に徐々に売り上げ数を減らしていくので、図にすると山のような形になります。

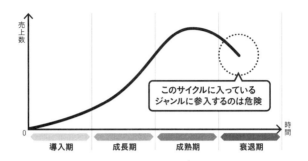

　タピオカ店が各地に大増殖して、瞬く間に消えた一連の現象を見るとわかりやすいでしょう。

今、自分が参入したいジャンルがどのフェーズにあるのかを見極めるのが大切です。

　特に、定番商品ではなく流行に左右されそうなものを扱いたいならこの見極めはマストでしょう。

　衰退期に入っているジャンルの商品をつくっても、盛り上がらないまま市場ごと消えてしまうかもしれません。反対に、成長期に入ったジャンルを見極められれば大きな成功を得られるかもしれない反面、一過性のブームで終わる可能性もあります。

　この盛衰を調べる一つの指標が、先ほどもご紹介した**Googleトレンドで、キーワードの推移を調べる**方法です。

　多くの人がネットで情報を調べ、買い物をする現在、検索動向はそのまま市場の動向を映します。

　63ページで紹介した方法で数年前から現在の日付までを設

定し、曲線が下っていないか、つまり衰退期に入っていないか調べてみましょう。

キャンプやサウナ、昭和レトロなどいろいろなブームをマスコミが伝えていますが、もしかしたら報道された時点で衰退期に入っている可能性もあるので、まずは調べるようにしてください。

❷市場規模を調べる

市場規模は小さすぎても大きすぎても、よくありません。

大きい市場と小さい市場の中間にある、「ちょうどいい塩梅」の市場を狙いたいものですが、そんな不確かなものを見つけるのはなかなか難しいですよね。

これも、ウェブである程度見当をつけられるので、調べ方と目安となる規模をお伝えしましょう。

Googleが提供している**キーワードプランナー**というツールを使います。

キーワードプランナー
https://ads.google.com/intl/ja_jp/home/tools/keyword-planner/

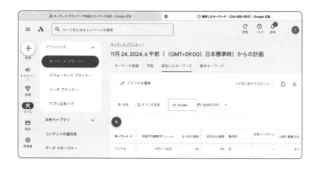

　Googleアカウントでログインして、「検索のボリュームと予測のデータ確認する」に入り、ジャンル名を入力し、検索します。「月間平均検索ボリューム」を確認。これは1カ月にそのキーワードが検索された回数です。

　この回数が3000〜1万くらいが「ちょうどいい塩梅」の市場だといえます。3000未満だと、ややニッチな市場なので、避けたほうがよいでしょう。

　Googleキーワードプランナーは、以前は完全無料で使えたのですが、現在はGoogle広告を出稿していないと機能が制限されて、本当にざっくりした数字しか見られなくなってしまいました。

　そのため、もっと詳しい数字を見たい場合は、無料の**Ubersuggest**や、有料でもよければ高機能の**Keyword Tool**を使うとことをおすすめします。

無料ツール：Ubersuggest
https://app.neilpatel.com/ja/dashboard/

有料ツール：Keyword Tool
https://keywordtool.io/

今、参入すべきジャンルを簡単に知る方法

　より簡単にどんなジャンルの商品が売れているのかを確認する方法もあるので、ご紹介しますね。それはAmazonで取り扱っている商品のジャンルを見ること。

　Amazonではジャンルのことを「カテゴリー」といっていますが、一度Amazonのページにどんな商品カテゴリーがあるのか見てみましょう。

　Amazonの売れ筋ランキングページにアクセスするとわかりやすいと思います。

Amazon 売れ筋ランキング
https://www.amazon.co.jp/ranking/

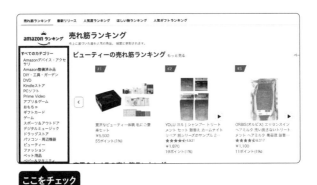

　すべてのカテゴリーが一覧表示され、「おもちゃ」「スポーツ＆アウトドア」「ペット用品」などがずらりと並んでいます。

このジャンル名や分け方がベストとは思いませんが、それなりに適切で無駄がないと思います。
　おおざっぱにいえば、ここに検討しているジャンルがあれば、そこそこの規模のある市場だと考えてよいでしょう。
　また、売上ランキングを見れば、どんなジャンルの何という商品が売れているのかもわかり、市場調査にも役立ちます。

「ドリルダウン思考」で商品を決める

なんとなくでも参入したいジャンルは決まりましたか？

では、いよいよ実際に「どんな商品を売るのか」を決めるフェーズに入ります。

ジャンル決めでもお話ししたように、いきなり商品を絞りすぎないで、大きなジャンルから小さなジャンルにドリルダウンしながら商品を絞っていきましょう。

【商品決めのフロー】

なんとなくやりたい商品ジャンルを考える

ジャンル内で商品を見ていく
「広い視点→絞っていく」

商品決定

例えば「ファッション」ジャンルなら、ファッションの中にはトップスやボトムスだけではなく、靴やアクセサリーも含まれます。服だけでも、レディース、メンズ、キッズの区別もありますし、その中でもスポーツウェアやスーツなど分かれていきますね。

ファッションジャンルをやると決めたなら、まずはジャンル全体を眺めて、そこから自分の入る隙がありそうな小ジャンルへとドリルダウンしていくのです。

ここでもAmazonのランキングを活用します。
なぜ、Amazonを活用するとよいのでしょうか。その理由を簡単にお伝えしましょう。

まず**利用者が圧倒的に多い**ことが、理由としてあげられます。
Amazonは日本一売れているショッピングモールであり、日本で売れている商品にどんなものがあるのかは、ここを見れば大体わかります。
もちろんネットショップとスーパーなどの実店舗で売れる商品は違いますが、ひとりメーカーである私たちの主戦場もAmazonを含めたウェブショップなので、そのまま参考になる部分が多いのです。

また、Amazonでは、**複数のブランドが一つの売り場にまとまっています。**
例えば、文房具を販売しているページであれば、トンボ鉛筆やコクヨ、ぺんてるといった有名どころのみならず、有名ではないメーカーも含め、メーカー、ブランド問わずまとめて展開されています。
そのため、**ジャンルの中で売れている商品を総合的に知るのに役立つのです。**

前置きが長くなってしまいましたが、商品選びに話を戻しましょう。
まずは、Amazonの該当カテゴリーで売れている商品を知ります。
Amazonのランキングから自分が検討しているカテゴリーを

選び、そのカテゴリーの売れ筋ランキングを100位くらいまで眺めてみるのです。そうすると、絶対に自分では参入できないジャンルも見えてきます。

例えば文房具であれば、コピー用紙とかボールペンの替え芯などが上位にきますが、これらを販売するのはちょっとピンとこないと思います。

大量生産で安くなる商品、交換品等、ジャンル決めのときにもお伝えしたように、国内メーカーがあまりにも強くて、そのメーカーの独壇場になっている商品の場合は参入が難しいでしょう。

私はキャンプ用品を扱っているのですが、何をやるか決めるためにアウトドアカテゴリーのランキングを見ていたときには、炭やカセットボンベなどは明らかに参入できないので、除外しました。

こうやってピンとこないものをざっくりと除外していきます。

そして**ランキングに残ったものの中から、レビュー数が多く、賛否の意見が活発に投稿されていそうな商品をいくつかピックアップ**します。

これが、「検討対象商品」になり、ここまで選べると、ジャンル選びからさらに進んで実際につくる商品の候補をいくつか選ぶことができた！ となるのです。ここから実際にどの商品をつくるか決めましょう。

もし、どうしてもここで1つに決められない場合は、2〜3個に商品を絞って次のステップに移ります。

また、Amazonだけではなかなかイメージしづらい場合は、

選んだジャンルの商品が売られている店やデパートに行き、該当商品の棚を実際に見てみましょう。

手にとって確認できる点や、店員に質問できる点はウェブにはないメリットです。

また、どんな商品が目立つ場所に陳列されているかをよく観察してください。

それが今一番売れている商品か、店側が売りたい商品だと知ることができ、商品を考えるときの参考になります。

Amazonが商品開発にも役立つなんて知りませんでした！

売れ筋商品がランキングとしてリアルタイムで見られるのは、Amazonのメリットですね。便利なだけじゃないんですよ。

検討商品にまつわるニーズや不満を可視化しよう

　さぁ、ここまでで「つくりたい商品」が決まりました。ここから商品についてリサーチする段階に移ります。まだ、商品を絞り切れていない場合は、検討している商品すべてをこれからお伝えする方法でリサーチしてみてください。

　リサーチする中で、「これならいけそう」「つくってみたいな」という商品を決めていきましょう。

　商品について詳しく知り、情報を整理するために私が行っている方法の1つめが、**マインドマップ整理法**。

　まず、情報をたくさん集める必要があるので、**ラッコキーワード**というツールを使って情報収集を行います。

　ラッコキーワードはサジェストキーワードを教えてくれるツールです。Googleなどの検索ボックスに何かキーワードを入力したとき、自動的に表示されるキーワード候補がありませんか？　あれが「**サジェストキーワード**」です。

サジェストとは提案などの意味。サジェストキーワードにはユーザーの検索傾向の他に、今のトレンド・流行も反映されます。

　つまり、「あなたは、過去にこういうことを調べていたよね？」という提案の他に、**「今、こういうのが流行ってるみたいだよ」「みんなこんなキーワードで検索しているよ」**という提案もしてくれるのが、サジェストキーワードです。
　サジェストキーワードは、**あるキーワードに対して、多くのユーザーが合わせて検索しているワード**ともいえます。
　例えば、「焚き火台」と入力すると、「おすすめ」とか「ソロ」といったサジェストキーワードが表示されます。

　ラッコキーワードでは、GoogleやYahoo!をはじめ、YouTubeやAmazonなどの複数のチャネルのサジェストキーワードを調べられます。
　ラッコキーワードは基本無料ですが、一日の検索回数に制限があるので、じっくり調査するなら有料版をおすすめします。

| ラッコキーワード
https://rakkokeyword.com

ラッコキーワードで、「キーワード検索」に、「焚き火台」と入力した場合を見てみましょう。

すると一瞬で、焚き火台のサジェストキーワードがずらりと表示されます。

これらのキーワードを眺めてみると、焚き火台に関係するワードがわかるので、たとえ、焚き火台が何か全く知らなくても、だいたいどんなものかがわかりますし、多くの人が焚き火台に求めるものも見えてくるのです。

「焚き火台　スノーピーク」のようなサジェストを見れば、焚き火台にはどんなブランドがあるかがわかるし、「焚き火台 amazon」などからは焚き火台をみんながどこで購入しようとしているのかがわかります。

「焚き火台　ファミリー」「焚き火台　ソロ」などのワードからは、焚き火台の使用シーンの広さもうかがえます。

また、**サジェストキーワードから、焚き火台に対する疑問や悩み、要望も見えてきます。**

「焚き火台　洗い方」「焚き火台　油汚れ」「焚き火台　洗わな

い」などを見ると、焚き火台を洗うことに苦心しているユーザーの姿が推測できます。

そこから、「さっと吹くだけで油汚れがきれいに落ちる商品ができないかな」とか、「焚き火台　自作」などを見ると、「焚き火台を自作したい人向けのツールやキットなどがつくれないかな」など、悩みを解消するアイデアを考えるきっかけが得られます。

消費者の悩みや不満は、商品開発の大事なタネです。

もっと具体的な悩みや不満を知りたいなら、ラッコキーワードでYahoo! 知恵袋 や 教えて!goo などのＱ＆Ａサイトの横断検索結果を見てみましょう。

左側のメニューで**「Ｑ＆Ａサイト」をクリックすると、「焚き火台」というワードを含むＱ＆Ａサイトの検索結果を閲覧できます。**

Ｑ＆Ａサイトには具体的で、バリエーションに富んだお悩みがあります。これもぜひ読んでおいてください。

ここまでで必要な情報が収集できました！ここからいよいよマインドマップの出番です。集めた情報を整理し、分析しましょう。

　私が使っているのは、mindmeisterというウェブ上でマインドマップを作成できるサービスです。

　マインドマップとは、頭の中で考えていること、特に思考の流れを視覚化する方法で、中心に置いたワードや概念から枝分かれするように言葉をおき、そこに関連・派生するワードを記載していくのが一般的です。

　今回の例でいえば、真ん中にくるのはもちろん「焚き火台」というワードです。あくまで私の分類ですが、サジェストワードから拾って次のようにマッピングしています。

◆**ブランド・商品名**─モンベル　スノーピーク……
◆**購入場所**─Amazon　イオン　カインズ……
◆**サイズ**─A4サイズ　縦型　小さい……
◆**ウオンツ・不満要素**─油・汚れ落とし　洗わない……
◆**機能**─コンパクト　おしゃれ　二次燃焼……
◆**用途**─魚の塩焼き　串焼き　燻製……
◆**利用シーン**─ソロ　ファミリー　2人　女子……

　こうしてバラバラの情報をまとめていくと、焚き火台に関するニーズや不満が可視化され、整理されます。

　マインドマップをつくり、眺める中で、自分がどのような特徴を持つ商品で参入できるのか、おぼろげに浮かんでくるかもしれません。

また、すでにつくる商品に造詣が深い人であっても情報を洗い出し、可視化することで、意外で新たな発見があるはずです。

mindmeister
https://www.mindmeister.com/ja

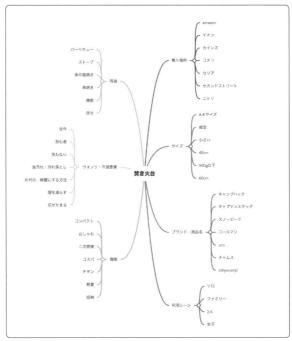

検討商品を徹底分析するための 2つのポイント

　マインドマップで全体像を把握できたら次に行うのがライバル商品の研究です。ライバル商品との違いを明確に説明できることは、商品を売るときにも必須になるので、ここはしっかり行いましょう。

　ここでも役立つのがAmazonのランキング。**Amazonランキングを見れば、売れているライバル商品がよくわかります。**77ページで示したように、まずは売りたい商品の売れ筋ランキングをチェックします。

　引き続き、焚き火台を例にお話しします。

　Amazonランキングで、焚き火台のランキングを見てみましょう。「**スポーツ＆アウトドア→アウトドア→バーベキュー・クッキング用品→キャンプ用グリル・焚火台**」です。

　すると、売れ筋の焚き火台がランキング形式で表示されます。

ざっと見ただけでもさまざまな形があって、丸いものも四角いものもあるし、「本当にこれ、全部焚き火台？」と思うほど多様です。

　キャンプに精通していない人であれば、名前を見ても、どれが有名メーカーや大手メーカーなのかもわからないでしょう。

　ランキングで見ておきたいポイントは次の2つ。

・どんなラインナップがあるのか
・**大手や有名メーカーではないメーカーで、売れている商品はあるか**

　ざっくりと全体の動向を押さえたら、**ランキング100位以内に入っている商品の中で、「つくりたい商品ではないもの（付属品、用途が異なるものなど）」以外のすべての商品をチェック**しましょう。

　今回の例でいえば、下記は焚き火台のランキングに入っていましたが、使用用途が異なったり、焚き火台本体ではないので、チェックしなくてOKです。

・薪割り台
・鍋敷き
・リフレクター
・焚き火台シート
・消臭ミスト　等

　各商品をチェックするときのポイントは、次の2つ。

CHECK POINT ❶
ライバル商品の商品名、画像、説明文の書き方

・商品名に入っているワードは何か、何が購買意欲をそそっていると思われるか
・商品説明では、どんな言葉を使っているか
・商品のウリはどこにあるか、どのようにそれを伝えているか
・写真はどんなシーンで撮られていて、何枚掲載されているか

CHECK POINT ❷
商品レビュー（否定的、肯定的なものすべて）

・「どんな理由で購入したのか」
→例）セールだったので、震災のための防災用品として、以前使っていたものが悪かったので
・「使ってみてどうだったか」
→例）3分くらいで組み立てられる、コンパクトにしまえて便利、頑丈
・「短所はどこか?」
→例）重い、ケースが小さい、焚火シートが必要、別売りパーツがあって不便
・「長所はどこか?」
→例）安い、コンパクト、安定感がある、組み立てが簡単
・「利用シーンは?」
→例）ソロキャンプ、ファミリーキャンプ

　①も②も読み込んだものを整理することが必要ですが、**「な**

ぜこれが売れているか」「新しい商品開発のヒントがないか」 を知るために、読んでいきます。

　レビューに関しては、一つの商品に対して矛盾した感想があることはよくあります。

　ある人は軽い、安いというけど、ある人は重い、高いと思っているなど。

　その場合はどちらの意見のほうが多いのかを見てみましょう。

 セラースプライトは超便利

　ここまでAmazonレビューを読み込み、分析することをおすすめしてきましたが、実際にやってみるとなかなか骨が折れる作業だと思います。

　そんなときにおすすめなのが、複数サイトのレビューをAIで分析し、まとめて一覧表示してくれる**セラースプライト**というツール。

　このツールはとても便利で、レビュー分析にも役立ちます。ただ、有料なのと、海外のツールのため日本語の質がいまひとつなところがあるのですが、それを差し引いてもおすすめです。

　レビューを書いた人の性別や年代などの属性も推測してくれるので、どんな人が商品に興味を持っているかもわかります。

セラースプライト
https://www.sellersprite.com/jp

セラースプライトが30%オフになるクーポンコードを記載するので、有料版を使用する際は活用してみてください。**クーポンコード：WW4957**

なぜ、低評価レビューやノーブランド商品をチェックすべきなのか

　先ほどランキング100位以内の商品はすべてチェックしてくださいとお伝えしましたが、そんなに多くの商品ページは読み込めないという方も、中にはいらっしゃるかもしれませんね。そういう場合は、

❶大手でも老舗でもないメーカーの商品
❷各商品の低評価レビュー

　だけでも、チェックしましょう。なぜ、この2つだけはチェックすべきなのか、順を追って説明していきます。

　まず、①に関して。アウトドアを例に出して話すと、アウトドア界隈ではコールマンやキャプテンスタッグというブランドは、めちゃくちゃ有名で、人気のブランドです。そのため、これらの商品がランキング上位にあるのは当然。
　あなたがつくってみたい商品にも、きっと
「バッグなら〇〇！」「枕なら〇〇！」
　といった鉄板ブランドがあると思います。こうしたブランドやメーカーの商品はいいものがたくさんありますが、「ブランドが好き」「このメーカーなら安心できる」という指名買いで購入されている商品も多いのです。
　だからこそ、**チェックすべきは「名が知られていないメーカー・ブランドの商品」**。指名買いというアドバンテージがない

ぶん、商品の力で売れていることが多いからです。

　また、何者でもない私たちがつくるのは彼らのような商品であり、直接的なライバルとなるのもこういったメーカー。だからこそ、ライバル分析をしっかり行うことが重要です。

　次になぜ、低評価レビューをチェックしたほうがいいのか。

　☆1などの悪いレビューには「この商品を買ったけど、ここが不満だった！」「使ってみたけど、もっとこうだったらよかったのに」という、**購入前の期待と、購入後の実感との間にある「ギャップ」が現れていることが多い**のです。こうした「ギャップ」を埋められる商品を生み出せれば、それだけでユーザーに選ばれる可能性があります。

　低評価レビューの中にある改善の余地をよみとり、企画に反映すると、とんでもなく素晴らしい商品ができることも…！

　例えば、ある焚き火台のレビューには「風で簡単に倒れてしまった」「組み立てるのが面倒だった」などなど、具体的な指摘がありました。

　「では、自分の商品ではそこを改善しよう」と対策ができるのが、低評価レビューを読む意味です。

　ここまでチェックすると、深く研究すべきライバル商品がより絞り込まれてくると思います。ここまできたら、絞り込まれたライバル商品のいくつかを購入し、**実際に商品を見て使ってみることをおすすめします**。同梱物を見たり、パッケージの雰囲気を知ったり、使用感を確認しましょう。

　そのときも「なぜ、これは売れているのか」という視点を忘れないでくださいね。

売り上げにつながる「コンセプト」の決め方

いよいよ「売る商品を決める」フェーズも大詰めです。最後に、ここまでの情報を総合して「あなたの商品のコンセプト」を決めましょう。

ここでいう**コンセプトとは、商品のウリ**とも言い換えられます。他の商品にない、**あなたの商品だけの強み、いわゆるUSP（Unique Selling Proposition）**です。

コンセプト決めの流れとしては、

ライバル商品を分析・特徴を整理

↓

ライバル商品の特徴を踏まえ、自分の商品のポジションを決める

↓

ウリを決める

難しそうに感じますが、ここまでくればあと少しです。

前項でAmazonを見る中で、ライバル商品の強みや弱み、特徴などを洗い出しました。それらを踏まえ、さらにライバル商品の詳しい情報を調べます。ブランドサイトを確認し、必要に応じて問い合わせなども行いながら、ライバル商品のウリを徹底的に洗い出すのです。

例えば、次のような視点でライバル商品を見てみましょう。

・基本スペック(価格・サイズ・素材等)
・商品デザイン、パッケージデザイン
・メーカーイチオシのポイント
・どんなお客さんが、どんな動機で購入しているか
・生産情報
・日本以外の販売実績
・マスコミ掲載実績(あれば)
・特許
・実用新案
・デザイン賞等の実績(あれば)
・工場の認証(ISO9001など)

　調べたことを、次のようなエクセルシートにすべて書き出します。

	A	B	C	D	E	F
1		自社	競合1	競合2	競合3	
2	価格					
3	サイズ					
4	素材					
5	デザイン					
6	ターゲット層					
7	品質					
8	機能1					
9	機能2					
10	機能3					
11	機能4					
12	機能5					
13	機能6					
14	機能7					
15	機能8					
16	機能9					
17	機能10					

　書き出せたら、情報を俯瞰しながら「そのメーカー、ブランドの一番のウリは何か?」を考えます。さらに、2番目のウリ、3番目のウリ…と、特徴を順位付けしていきます。もし、客観的に見て相手が気づいていないウリを見つけたらそれも忘れずに書き出してください。

焚き火台の例で、記載してみると以下の通りになります。

	A	B	C	D	E
1		自社	競合1	競合2	競合3
2	価格		12000	7000	
3	サイズ		350×400cm	400×250cm	
4	素材		ステンレス	ステンレス	
5	デザイン		シンプルな円錐形	折り畳み式	
6	ターゲット層		ソロキャンプ、デイキャンプ	ソロキャンプ用	
7	品質		日本製（自社製）		
8	機能1		設営がラク	高さ調節機能あり	
9	機能2		3サイズ展開	ゴトク付き	
10	機能3		グッドデザイン賞受賞	灰が落ちにくい形	
11	機能4		頑丈だが少し重い	収納袋付、折り畳んで収納	
12	機能5		空気穴が燃焼を促す	軽くて持ち運びしやすい	
13	機能6				
14	機能7				
15	機能8				
16	機能9				

改めて特徴を書き出すと、
商品の見え方が違ってくるね！

どのメーカーも「ウリ」や「イチオシポイント」
があって勉強になるね。

コンセプトづくりのカギは
「ポジショニング×ターゲティング」

　他社の商品のウリが見えてきたら、そこから自分の商品のウリを考えていきます。

　漠然と考えるのではなく、2軸のポジショニングマップをつくると視覚化されてわかりやすくなります。

　ポジショニングマップでは、**縦軸・横軸にそれぞれ特徴**を入れます。

　縦軸・横軸を何にするのかは、ケースバイケースになってしまいますが、ライバル商品を見て気になった特徴を選びます。そこにライバル商品をマッピングしていき、眺めてみて、ライバルが少ない場所を見つけましょう。マッピングは何度行っても構いません。

　縦軸・横軸に何を置くかで、マップは大きく変わるので、一回つくって終わりではなく、何度もマップをつくりながらウリを考えていきましょう。

「焚き火台」を例にマッピングしてみましょう。

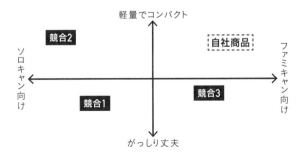

焚き火台に関して調査したと仮定して話をすすめます。まず、調査すると商品の重量に関してのレビューが多くありました。さまざまなものがコンパクトになっている現代。焚き火台に関しても、持ち運びのしやすさは重要な点のようです。そこで、**縦軸は重さとつくりにしてみます**。ここはもちろん価格帯でも、サイズでもいいと思います。

　焚き火台は使用シーンも豊富なようです。ソロで使いたい人、2〜3人でまったりキャンプしたい人、子連れのファミリーキャンプなど、さまざまなシーンでの使用が想定できました。そこで、サイズや用途に着目し、ソロキャンプ向けか、ファミリーキャンプ向けかを横軸に入れます。

　ポジショニングマップをつくると、軽量で、かつ、ファミリーでも使えるようなサイズの商品が見当たらなかったので、ここに自社のポジションを定めてみる…ということになります。

　ポジショニングと合わせて行いたいのがターゲティング。この商品を買う一番のお客様は誰かを考えるのが、ターゲティングです。たとえ競合がいなくても、誰も求めていないウリでは意味がありません。お客様を想像してウリを整理するのも重要。上記の場合は「ミニマルな暮らし、無駄のない商品が好きな30代の子育て世代」などが、ターゲティングの一例としてあげられるでしょう。

　なんとなく、自分の商品がどこを目指すのかが見えてきたでしょうか。

くり返しになりますが、このポジショニングは一度でばっちり決まることはなかなかないと思います。
　私も試行錯誤ですが、ポジショニングマップを書くまでもなく決まることもあります。

　ポジション・ターゲットを決めたうえで、あなたの商品の一番のウリはどこかを明確にしてください。このウリは、このあと決めていく商品名や商品説明の軸になります。軽さか、デザインのよさか、機能性の高さか、使いやすさか…。
　一番のウリ以外のスペックも、できる限り明確に決めていきましょう。

　ただ、価格については、工場や制作費の目算をつけながら決めていくので、この時点ではライバル商品の価格分布を見て、「大体これぐらいにしたいな」とざっくり決めておけばOKです。

　縦軸と横軸に何を入れたらいいのかわからないという方に向けて、縦軸と横軸の例を紹介しておきますね。

・サイズ（大きいか、小さいか）
・機能性（高いか、そこそこか）
・デザイン性（おしゃれか、庶民的か）
・品質（高いか、そこそこか）
・価格（高いか、安いか）

アンケートを使って
コンセプトを磨きあげる

　最後に、お客様が本当にあなたの商品に魅力を感じるのかを知るため、アンケートをとって市場調査を行います。

　ここまでさんざんリサーチしておいて、またアンケート調査!?　と、思われる方もいるかもしれませんが、調査にやりすぎはないと、私は思っています。

　実はアンケートは誰でも簡単に取れるのを知っていますか？

　手軽なのはクラウドソーシングの**クラウドワークス**を使う方法です。

　一件数十円と手ごろな価格でたくさんの方にアンケートで意見を聞くことができます。

　ただ、このサイトは業務委託の仕事を受注・発注したい人のためのマッチングサイトなので、必ずしもターゲット層の声ではないことに注意が必要です。

クラウドワークス
https://crowdworks.jp/

　数万円支払えるようなら、**ミルトーク**のような大手調査会社を利用し、より精度の高い情報を手に入れましょう。

ミルトーク
https://milltalk.jp/

アンケートでは、自社商品とライバル商品（数点）の情報を出し、どれを買いたいかを尋ねます。

・商品画像（あれば）
・主な特徴、コンセプト
・スペック
・大体の価格

　上記を伝えて、どの商品を買いたいか聞いてみましょう。

　もし、アンケートの結果がイマイチだったら、もう一度コンセプトなどを考え直してみてください。
ひとりメーカーは企画が9割。
　ここで、どれだけ粘れるかで商品の売り上げは、大きく変わります。

「ひとりメーカー」の教科書

第 3 章

ステップ2

商品をつくりあげる

スペック・価格・工場・ブランドづくり

見て、アンケートの結果。

 そんな…。「買ってみたい」が一人しかいないなんて…。

 やっぱり「枕」はライバル多いもんね。新しく買い替えることも少ないと思うし…。

 よし、もう一回コンセプトを練り直してみよう！

 …う〜ん。私は仕切り直したほうがいいと思う。さすがに、医師とか整体師みたいなプロが考えた枕には勝てないよ…。

 う…。でも、素人の俺たちだからこそできるコンセプトもきっとあるはずで…。

 私たちだからできること…あっ！ こんなのどうかな…。

 3回目の打ち合わせになりましたが、どうでしょう。商品づくりは進んでいますか？

 めちゃくちゃ悩みましたが、やはり枕でいくことに決めました！

新しいコンセプトでは、アンケート調査もまずまずの結果です。

それはよかった。前回は「快眠」がコンセプトの枕とのことでしたけど、それを変えたんですね。

はい。快眠がコンセプトの枕は星の数ほどあるけど、僕たちはあえてそこを目指さないことにしました。

私、実は仕事のストレスで全然眠れなくて、何もする気が起きないし、ただひたすらスマホを触るくらいしかできない時期があったんです。そんなとき、ひとり君がつくってくれた寝ながらスマホができる道具にすごく助けられて…。

SNSを見ていると同じような人がたくさんいることを知ったんです。手を出さずにスマホを触れる毛布も売れていますし。そこでずばり、寝たままスマホができる枕を考えました。

へー、快眠とはある意味真逆ですね。

クラウドソーシングで設計図も描いてもらいました！あとは工場に発注するだけです。

寝具なら日本の工場でも中国の工場でもいいと思いますが、中国のほうが安いですよ。

中国ですか!? いや、自慢ではないですが、英語すらできない僕が中国語で難しいやり取りなんてとても…。あ、関税とか国際送料もかかりますよね? それになんか怖いですし…。

関税や送料を考慮しても、中国工場のほうが安いですよ。怖いと思うのはどんなところですか?

いや、言葉も文化も違うし…。メイドインチャイナはものが悪いイメージが…。それに、海外の方ってはっきりしてるから、僕みたいな根暗ウジウジ野郎は嫌われそうだし…。

あはは。はっきりしてるほうがいいじゃないですか。中国の方は率直な分、やり取りがすごくラクですよ。それに、中国製＝品質が悪いっていう考え方はもう古いと思います。

あ、そういえば高級ブランドとか日本の家電も、実際は中国でつくっているものも多いって聞いたな。

わからないから怖いし、ハードルが高く感じるんです。

ここは慣れですね。中国工場とのやり取りは、もちろん人を頼りましょう。言葉だけでなく、商習慣も違いますから。中国の工場は世界中の製品をつくっているので、海外とのやり取りもスムーズですし、仲介業者もたくさんいます。

ここも他力を頼っていいんですね。うう…でもやっぱり不安が…。いや！ これも経験、やってみます！

そしたら、工場や仲介業者を探すのはひとり君に任せるよ。他に今やっておくといいことは、何かありますか？

同時進行で、ブランドづくりをしましょう。

ブ、ブランドですか!? こんな素人にブランドって必要なんですかね？ な、なんか、一般人のブランドごっこみたいでちょっと恥ずかしいし…。

むしろ、無名の一般人だからこそ、ブランドは絶対あったほうがいいんです。**必要なのは、名前、ロゴ、そしてストーリー**ですね。先ほど教えてくれた、商品に込めた思いはそのままストーリーとして使えるかもしれませんよ。

商品をつくるために決めたい「4つのこと」

　つくりたい商品が決まり、商品のコンセプトが決まったら、ここからはより具体的に「実際に商品をつくるステップ」に移ります。実際に商品をつくるためには、次の4つのタスクを行いますが、これら4つは関連しあっているので、同時並行的に行う必要があります。1つのタスクを行ったら次のタスク…と、順番に移行するのではなく、すべてを同時に少しずついったりきたりしながら進めていきましょう。

　行いたい4つのタスクは次の通り。

❶スペック決め
❷価格決め
❸工場決め
❹ブランドの方針決め

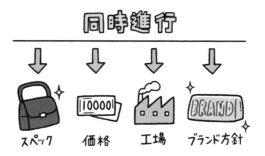

　自分の頭の中にあった商品を実際に「物」のかたちにしていく過程は、とても楽しいですよ！　では、早速始めましょう。

決めること① スペック

　第2章でどんな商品を扱うのかを、競合と比較しながら決めたと思います。その情報も使いながら、あなたの商品の細かいスペックを決めていきましょう。

　ライバル商品のAmazonレビュー分析をまとめたものを読み直す、楽天のレビューを読んでみるなどして、競合の強みや弱みを自社のスペックに活かせないかを検討してください。ここまでに何度もレビューは読んできたと思いますが、**スペック決めという観点で読み直すと、新たに気づくことがあるはずです。**

　その商品がクラウドファンディング（156ページ参照）を行っていたなら、クラウドファンディングの商品ページにある購入者コメントも読んでおきましょう。

　ライバル商品の中でも特に自分が扱いたい商品に近いものは、できれば購入してください。パッケージのデザインや梱包方法、付属品や同梱物、取説等、ネットだけではわからない情報が得られます。

　あとでブランディングの話をしますが、パッケージもブランドの大事な要素です。
　例えばファッション通販のZOZOTOWNは真っ黒な段ボール箱に白抜きでロゴがプリントされていて、箱そのものがアイコニックで、ちょっと目を引きます。届いたときに「ZOZOから

きた!」と一目でわかるのもいいし、開けるときの期待感も高まりますよね。箱もミシン目がついていて、開けやすい工夫がしてあり、ストレスを感じません。商品がよいのは大前提として、こういう細かいところにもブランドの特徴が出せると、お客さんの満足度は高まります。

もし食品を取り扱うのであれば、競合商品が手元に届いたら成分表などもしっかり確認しておきましょう。

手元に届いた競合商品を実際に使ってみること、そして自分なりに長所、短所を分析することが重要です。形や持ちやすさ、場面ごとの使い勝手、触り心地など、口コミではわからなかった気づきがたくさんあると思います。

競合商品を買ったことがある人を対象に、第2章でもお話ししたウェブアンケートをとってみるのもよいでしょう。

また、アンケートなどの調査を行ったうえで、「**たった一人のニーズを深掘りする**」というマーケティング手法もあります。P&Gやロート製薬、ロクシタンなどのマーケティングや経営に携わった西口一希氏が提唱するN1分析では、顧客一人を分析することで、顧客への理解が深まるとしています。

一人を深掘りする調査では、アンケートなどでは見えてこない「ユーザーの考えや価値観、なぜその商品が欲しいのかなどの心理」を知ることもできます。

企画商品にまつわる困りごとを抱えている人がいたら、その人の悩みを掘り下げて聞くかたちでも、調査ができるということですね。

決めること② 価格

　商品づくりや発送にかかる費用より、高い販売価格にすればもうけが出る。

　でも、どうやって値段を決めればいいのか ——。

　ここから、「あなたの商品をいくらで売るのか？」という話に移ります。

　計算しながら価格を決めていくのですが「数字は全然ダメ。ここはパスしたい…」という方もどうかついてきてください。小学生レベルの算数ができれば、いくら利益が出るのかすぐわかりますのでご安心を。

　また、ここまで競合商品の価格帯を見てきたので、あなたの中には商品の相場感がうっすら浮かんでいると思います。

　競合が3000円〜1万円くらいの幅があるなら、「うちのは間をとって5000円くらいかな」とか、「他にはない商品だし、1万円ちょっとでもいけるかな」といった感覚です。

　その相場感覚に基づいて、予価（予定の価格）を決めていきましょう。

原価（商品制作にかかる値段）を知ろう

　価格設定の方法はいくつかありますが、原価、つまり商品制作にかかる値段を元に考える原価加算法を説明します。

原価には物をつくったり、材料を仕入れたりする価格だけではなく、工場からの送料も入れます。
　また、このあと説明しますが、海外の工場を利用する場合は、関税（国境を通過する物品にかされる税金）も原価に含まれます。原価は次の式で導き出せます。

原価＝仕入れ価格＋工場からの送料＋輸入税＊（関税＋消費税）
※輸入税は、海外工場でつくった場合のみ発生

　工場から国内倉庫までの送料は出荷量によって異なり、もちろん出荷量が多いほど単価は安くなります。**ひとりメーカーを続けるなら発送も行ってくれる倉庫と契約するほうがラクでしょう**。工場が輸送も行ってくれる場合は、提示された輸送料を商品代とともに支払います。
　国内工場であれば、配送の手配まで行ってくれるところがほとんどですが、海外では工場側が配送手配を行わないケースもあります。
　もし、海外工場が配送会社を手配できない場合は、自分で輸送の手配を行いましょう。手配方法は次の３つです。

❶フォワーダーに依頼する

　船舶や航空機などさまざまな輸送手段を使って、物流をトータルコーディネートしてくれるフォワーダー（貨物輸送事業者）に依頼。最も適したかたちで運んでくれ、スムーズです。私が使っているのは**東京東邦運輸倉庫**です。

東京東邦運輸倉庫株式会社
https://www.toho-twc.co.jp/branch/group.php?pref=tokyo

❷ 航空便を手配する

輸送がスピーディで、海外から国内の指定場所まで一気に送れますが送料が高いです。

EMS
https://www.post.japanpost.jp/int/ems/

FedEx
https://www.fedex.com/ja-jp/home/.html

❸ 船便を手配する

輸送に時間がかかり、通関などの手続きを自分で行う必要もありますが、送料は安く抑えられます。

日中海運株式会社
http://www.jc-shipping.co.jp/index.html

関税は次の方法で調べましょう。

関税の調べ方

関税は税関のホームページで調べることができます。
https://www.customs.go.jp/tariff/2024_04_01/index.html
関税に関しては課税対象となるものの価格で、変わります。

■**課税価格が1万円以下の場合**：基本的には免税対象となり、関税の対象外となります。ただ、サンプル品等を取り寄せるときに「0円」で申告することはできないので注意してください。輸入品はすべて課税対象となるので、貿易書類には商品代金を少額でも記載する必要があります。

■**課税価格が1万円以上の場合**：課税価格が20万円以上か、以下かで税率が変わってきます。
・**20万円以下の場合**…少額輸入貨物に対する簡易税率を適用
https://www.customs.go.jp/tsukan/kanizeiritsu.htm
・**20万円以上の場合**…輸入統計品目表を適用
https://www.customs.go.jp/tariff/

また、ここまでに倉庫代や倉庫保管料は入っていませんが、これらはどれも全体から見ると少額で、数字に大きな影響はでないのでここで考える必要はありません。

原価率ベースで値段を決めよう

ここまで原価の考え方についてお話ししましたが、結局、販売価格をいくらにすればよいのか。

最終的に、あなたの手元にいくら入れたいのか（最終利益）を考えながら、赤字にならないように価格設定をしましょう。
販売価格は次の要素で成り立っています。

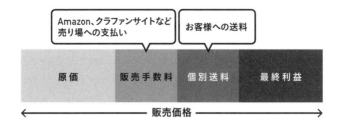

つまり、

最終利益＝販売価格－（原価＋販売手数料＋個別送料）

です。

　ここで紹介する最終利益に決まりはありません。「あなたが欲しいぶんだけ」でも構わないのですが、だからといって、最終利益1円でOKというわけにはいきませんよね（そんな人はいないと思いますが）。

　今の計算式には次の商品開発のためのお金や広告費などは入っていません。ひとりメーカーは「1回商品をつくって終わり！」ではないので、次の商品企画時にかかる費用や万が一売れなかった場合に値引いて売ることも考えて価格を決めたいものです。

　そういった点から、価格を決めるときに私は**「原価率を意識してくださいね～」**とお伝えしています。また、難しそうな言葉が出てきてしまいましたが、**原価率とは、「原価」が販売価格に占める割合を示すもの。**

（原価÷販売価格）×100＝原価率

で、求められます。ここを**30％以下**、**どんなに高くても50％以下**になるように販売価格を設定するのをおすすめしています。

売り先ごとにもう少し細かい話をすると、

・卸売り…原価率30％以下にしないと利益が残らない
・クラウドファンディングでの販売（156ページ〜参照）…定価から割引で販売する必要があるので、その部分を考慮する

などの考慮事項があります。ただ、利益計算を一つひとつ手計算するのは非常に大変なので、売価計算が簡単にできるエクセルを下記からダウンロードできるようにしました。こちらをぜひ、活用してください。

価格検討表ダウンロード
https://www.seishun.co.jp/hitorimaker/

当然ながら、販売価格と原価の差が大きいほどもうけが出ますし、原価が高いなら、販売価格も高額にしないと利益はでません。

価格を考えていると、どうしても他の商品に比べて高値にせざるを得ないときもあるでしょう。そんなときは「商品スペック」のタスクに戻り、なんとかライバルと差をつけられないか考える必要もあります。

あなたの商品のウリが魅力的で、独自性があれば、競合より高い値段をつけても商品は売れるはずです。いいものをつくることに加え、その特徴をしっかりアピールできること、そして何よりブランディングをして、プレミア価格でも売れるようになるのが理想です。

リサーチ時であれば、下記で仮計算をするとスピードが上がります。

仕入れ価格×3.5＝売価

決めること③ 工場

国内工場か？　国外工場か？

　ひとりメーカーと切っても切り離せないのは工場選びです。「個人で工場に仕事を依頼できるの？」と驚かれるかもしれませんが、実は個人と契約し、小ロットからつくってくれる工場は国内外に結構あります。

　工場は国内工場と、海外の工場（とりわけ中国）の中から選ぶことになります。

「中国の工場に依頼するなんて、めちゃくちゃハードル高いじゃん」と感じる方もいるかもしれませんが、これも一度やってみればすごく簡単です。

　私はむしろ中国工場とのやり取りのほうがやりやすいと感じることが多々あります。国内で販売されている多くの製品も中国工場でつくられているものが多いですよね。そういった事情もあり、中国工場は海外からの依頼に慣れていて対応もスムーズです。また、意外かもしれませんが、生産数や価格なども柔軟に対応してくれます。

　中国語ができなくても、全く問題なし。検品や貿易手続きを代行してくれる輸入代行業者も多いので、中国語が話せなくても不自由を感じることはあまりないでしょう。

　さて、国内工場と海外工場（基本的にやり取りするのは中国工場になることが多いので、ここからは中国工場とします）、

どちらを選べばよいのでしょうか。結論からいうと、商品や状況によって工場を使い分けるのがおすすめです。まずは両者の特徴を押さえておきましょう。

工場	メリット	デメリット
中国工場	・価格が圧倒的に安い ・工場数が多く、対応商品の幅が広い ・ネットで簡単に工場を探せる	・工場によって品質にばらつきが出る ・仕入れ金の支払いは基本的に前払い
国内工場	・意思の疎通が比較的スムーズ ・商品のクオリティが高い	・価格が高い

中国工場では、品質に多少ばらつきが出ます。これは日本と中国の考え方の違いかもしれませんが、「細かく見ると違うけど、大体同じもの」という中国の「大同小異」の考え方がモノづくりにも出ているな、と思うことはあります。はじめてお付き合いする工場の場合、しっかり検品してもらえるか確認が必要ですし、場合によっては工場探しのときに間に入ってもらった代行業者に依頼して抜き取り検品をしたほうがよいでしょう。ただし、**中国製品だから品質が悪いという考え方はもう古い**と思います。多くの人が使っているiPhoneだって中国でつくられていますよね。また、中国工場では、仕入れ金の支払いが基本的に前払い（一般的には注文時に30％、工場出荷時に残りの70％）です。国内工場の特徴としては、「Made in Japan」ブランドとして販売できること、ふるさと納税の返礼品に選ばれる可能性があることがあげられます。

商品によって国内・国外、
どちらの工場がいいかは変わる

　中国工場と日本工場、どちらを選ぶのがよりよいのか。品目によっても変わるので、参考にしてみてください。

　中国工場では基本的にどのような商品でもつくれますが、**ひとりメーカーと相性が悪いものがあります。それは食品と化粧品です。**

　食品は輸入すると検疫にもかかわりますし、食品衛生法の対象になります。また、化粧品は許可なく製造すると罰せられるため、専門の資格が必要です。「ん？ 製造じゃなくて販売するだけなのに？」と思われるかもしれませんが、そこが落とし穴で、海外から化粧品を輸入する場合、輸入者が製造者と同等の資格を求められるのです。食品衛生法に関しても同様です。

　代行業者に依頼すれば自分で資格をとらなくても輸入できるのですが、お金もかかりますし、ちょっと面倒なのは事実です。

工場	向いている商品	生産しないほうがいい商品
中国工場	バッグ・財布・電化製品・スポーツ用品・アウトドア用品・インテリア用品・ペット用品・おもちゃ・カー用品等	・食品 ・化粧品
国内工場	包丁・ナイフ・鍋・フライパン（電化製品を除く）・食器・キャンプ用品・バッグ・財布・食品・化粧品・工芸品等	・精密機器 ・消耗品

反対に、**日本工場でつくらないほうがよいのは、一つは精密機器です**。精密機器をつくる工場は日本に多くありますが、基本は大企業向けで、個人事業者はあまり相手にしてもらえません。

　しかも、中国と連携している工場も多いので、結局中国でつくってもらったほうが早いということになります。

　もう一つ、**消耗品**ですが、これは国内でつくると単にコスパが悪いという理由でおすすめしません。

　人気のある個別のジャンルについても補足しておきますね。

▶アパレル

　日本工場でも中国工場でもどちらでもいいですが、消耗品の要素が強いので中国工場でつくるのがおすすめ。ただし、工芸品に近いもの、例えば織物、染め物、伝統技法を使った衣類などに関しては国内の各産地などの工場がよいでしょう。

▶食器や鍋

　このジャンルに関してはどんな商品をつくりたいのかで、変わってきます。中国製のよさはやはりその「安さ」。ただ、食器を輸入する際も食品衛生法の対象になります。対して、国内生産であれば、質の高さや安全性を謳えます。どちらかといえば、日本製を個人的にはおすすめしています。

　以上を参考に、国内外どちらの工場にするか選んでください。次に具体的な工場の探し方をお話しします。

中国工場から探す場合

「世界の工場」だけあり、中国には、海外からでも中国国内の工場を探せる専用のプラットフォームがあります。おすすめが、「中国版Amazon」ともいわれ、巨大ＥＣサイトで知られる1688（アリババ）。

このサイトでは、海外から中国の工場の情報を探し、工場とやり取り、依頼ができます。また、面倒な各事業者との契約もアリババが代行してくれるので安心できます。

1688（アリババ）【中国語版】
https://www.1688.com/

ただし、すべて中国語で、商習慣が異なる相手と複雑なやり取りが必要となるので、こちらのサイトを使うときは、工場とのやり取りを代わりに行ってくれる代行業者を使いましょう。

イーウーパスポート
https://yiwupassport.com/

実はアリババには英語版のサイトもあり、こちらは無料の翻訳ツールなどを使えば自分でやり取りすることも可能です。ただ、かなり上級者向けといえるでしょう。挑戦されたい方は、DeepLやChatGPTを使ってやり取りしてみてください。

Alibaba
https://alibaba.com/

DeepL
https://www.deepl.com/ja/translator

ChatGPT
https://openai.com/chatgpt/

　それでは、実際に工場を探すときの流れや、どんな工場を選べばよいのかをお伝えします。
　この工場探しパートから代行業者にお任せする場合も、事前にある程度自分でチェックしてからのほうが話がしやすいと思います。中国の工場にはどんなものがあるのか、どういう基準で選べばよいのかがわかると、今後のビジネスにも活かせるはずです。

❶ キーワード検索

　工場を探すときは、自分がつくりたい商品に近い商品を扱っている工場を選びたいので、**商品名で検索をかけます。**
　DeepLなどの翻訳ツールを開き、検索したい商品のキーワードを入力し、中国語（簡体字）に変換しましょう。
　例えば「焚き火台」をつくってもらう工場を探すのなら、一

度DeepLで「焚き火台」を翻訳し、表示された中国語をアリババの検索窓にコピペして検索します。

❷ 工場のみを表示

「経営模式」から、「生産加工」を選ぶと工場のみが表示されます。

焚き火台といっても、日本のそれとは明らかに違うものも表示されているはずなので、自分がつくりたいものに近いものを探しましょう。

❸販売実績が多い工場順に並べ替え（販売実績がある工場であればある程度、品質に問題がないことが多いので）

　工場は玉石混交なので、よい工場を選び取る必要があります。「**銷量**」をクリックすると、商品が売れている順にソートできるので、実績のある工場が上位に表示されます。販売実績があるということはそれなりに品質がよいと考えられます。

　「**实力商家**」というアイコンは、アリババ独自の認証で、いずれも一定水準を満たす工場であることを表す印です。必ずしもこの認証がある工場をおすすめするわけではありませんが、よい工場を見分ける一つの目安になります。価格の横にある「〇＋件」の欄も確認しましょう。この数字＝販売実績です。この数字は多いに越したことはありません。

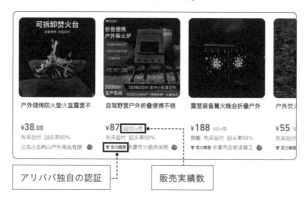

アリババ独自の認証　　　販売実績数

❹工場をチェック（レベルの低い工場もあるのでしっかり見ること）

　商品の個別のページを開くと、さらに詳しい情報がわかりま

す。「**工厂档案**」タブを開くと、工場の詳細情報が見られるのでチェックしましょう。

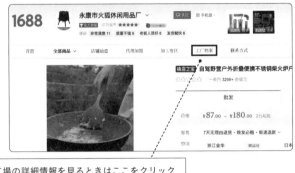

工場の詳細情報を見るときはここをクリック

ここで見ておきたいポイントをいくつか紹介します。

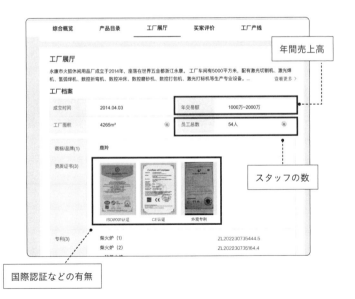

年間売上高

スタッフの数

国際認証などの有無

▶認証などは持っているか

　国際的な試験・検査・認証会社であるSGSの認証や国際規格を制定するISO（International Organization for Standardization）が制定した**ISO規格**などの国際認証を持っている場合、製品の質が一定以上であることが保証されています。

▶工場の規模や創業年、数年間の売り上げ

　工場の年間売上高（年交易額）や、**スタッフの数（员工総数）**などから工場の規模を調べられます。人数は100人以上だと大規模ですが、数十人〜100人ほどの規模でも問題があるわけではありません。逆に大きすぎる企業だと、最小ロットが大きいとか、個人には対応をしない可能性もあります。創業年も確認しましょう。ある程度の歴史がある工場のほうが安心です。

▶アリババ内の等級、カンパニーレビューは？

「**诚信等級**」はアリババとその工場との信頼を表す指標でAAAが最高です。

アリババ独自の等級

　その他、その工場がつくっている商品一覧（**产品目录**）を見たときに、**つくっているものがバラバラで一貫性がない場合は専門性がないと推測され、商品の質が気になるので避けたほう**

が よいと思います。

海外展示会で工場を探してみよう

　海外の展示会で工場を探す方法もあります。
　中国系で代表的な展示会には、次のようなものがあります。

・香港エレクトロニクス・フェア
・Global Sources
・広州交易会
・香港MEGA SHOW

　オンラインで参加できるものもありますが、もし機会があれば、現地を訪れて実物を見ながら、直接工場の人と商談するのもいいでしょう。
　展示会の出展料はかなり高額なので、ある程度実績や資金のある工場しか参加できません。**つまりこの時点でスクリーニングが済んでいるといえます。**
　特に香港などは街歩きも楽しいし、多種多様なグルメもあるので、旅行を兼ねた視察に一度行ってみてはいかがでしょうか。

国内工場で探す場合

　次に、日本国内で工場を探す方法をお話しします。
「日本で探すのなら簡単そう！」と思われるかもしれませんが、中国に比べ、検索システムなども整備されておらず、実は結構難しいのが現状です。

そのため、**ネットだけで探すのは難しいでしょう。**

展示会で工場を探す

　ネットでの工場探しが難しいため、展示会への参加は重要です。日本国内には次のような展示会があります。

▶総合展示会

　さまざまなジャンルの商品が集まる、総合的な展示会です。大規模ですが、その分広く浅いともいえるので、ジャンルをすでに絞っている場合は物足りなく感じるでしょう。こういった展示会では、「新しい商品」や「企画のネタ」を探してみるのもいいかもしれませんね。

〈具体例〉
・ギフトショー
・ライフスタイルWeek

▶ジャンルごとの展示会

　すでにジャンルが決まっているなら、こちらの展示会のほうがおすすめ。より専門的な商品や工場と出合えます。

〈具体例〉
・ファッションワールド東京
・レジャー＆アウトドアジャパン
・国際宝飾展
・COSME Week
・FOOD STYLE JAPAN
・町工場見本市　…etc

▶地域の展示会

　ジャンルにもよりますが、**有名な産地と関連のあるジャンルを扱うなら、地方の展示会はおすすめです。**地域の特産品に特化した、よりディープなブースに出合えます。

　商工会議所の告知を見たり、電話して尋ねたりして開催情報を集めましょう。

　ただ、この展示会はBtoB（企業向け）というよりは、BtoC（個人向け）のものや、地域住民との交流の場であることも多いです。何かいい出合いがあったらいいな、ネタを見つけにいこうかなと気楽な気持ちで行ってみてくださいね。

〈具体例〉
・燕三条ものづくりメッセ
・今治タオルフェア
・堺刃物まつり
・めがねフェス（鯖江）　…etc

「イプロス」や「エミダス」などのポータルサイトで探す

　ネット検索だけで探すのは難しいとお話ししましたが、工場検索のポータルサイトは日本にもあります。

▶工業製品

EMIDAS
https://ja.nc-net.or.jp/

イプロス
https://www.ipros.jp/

▶アパレル

SD factory
https://factory.superdelivery.com/

▶食品

食品開発OEM.jp
https://shokuhin-oem.jp/

　また、「アイテム名　OEM」でGoogle検索してみても。食品や化粧品の工場はたくさん見つかるはずです！

商工会議所で聞く

　あなたが取り扱うのが地域の特産品と関係があるジャンルの**場合、その地域にピンポイントで確認する方法**があります。その地域の商工会議所や産業振興センターに連絡して工場を紹介してもらえないか頼んでみましょう。

　代表的な産地には次のようなものがあります。

- **革製品**　栃木県栃木市
- **金属加工品**　新潟県燕三条地域
- **めがね**　福井県鯖江市
- **刃物**　岐阜県関市、大阪府堺市
- **カバン**　兵庫県豊岡市
- **デニム**　岡山県倉敷市
- **タオル**　愛媛県今治市

上記のような代表的な産地の工場で商品をつくった場合、消費者も「めがねといえば、鯖江」「デニムといえば岡山」というように、産地と商品をあわせて知っていることが多いので、ブランディングに役立ちます。

　また、国内工場の場合、工場所在地の自治体のふるさと納税の返礼品に選ばれるチャンスがあります。
　どの自治体もふるさと納税の返礼品を一生懸命探しています。私のキャンプブランドからもいくつかの商品が返礼品に登録されていますが、最初は先方からのアプローチでした。返礼品というと、どうしても肉とかメロンとか食品が中心になりがちなので、自治体もバリエーションを持たせたいのかなと思ったりします。
　返礼品に選ばれるとそれだけで「なんかすごい商品」という権威づけができたり、ＰＲになったりして、商品をより売りやすくなります。国内工場でつくるなら、このチャンスを逃す手はありません。工場所在地の自治体に聞いてみてください。

詳しい人に聞いてみる

　もし過去に製造業に従事していた方や製品デザイナーなど、業界に詳しい知り合いがいれば、そういう方に直接聞いてみるのもおすすめです。**人脈を活かして、工場を探す**という手法ですね。普通に探していては絶対に見つけられない情報が得られたり、運がよければ先方につないでくれるかもしれません。
　「そんな知り合い、いるわけない」という方も諦めないでください。クラウドソーシングで探す方法もあります。

私も、工場探しの見当もつかなかった頃、クラウドソーシングで製図を依頼した製品デザイナーの方に工場を探していただいた経験があります。そういう出会いもクラウドソーシングにはありますし、むしろこの方法が一番ひとりメーカーらしいといえるかもしれません。

ここを押さえれば大丈夫！
工場への問い合わせ

　国内でも国外でも工場の目星がついたら、実際に問い合わせることになるのですが、場合によっては返事がなかったり、断られたり、条件が合わなかったりするなど思い通りにいかないことも十分考えられます。むしろ、問い合わせした一社目でとんとん拍子にいくことのほうが少ないかもしれません。

　少なくとも5〜10個ほど工場候補を見繕って、リストアップしておき、優先順位の高い工場から順に問い合わせていきましょう。

　問い合わせは基本、メールでOK。国内工場では、電話での問い合わせしか受けてくれないところもありますが…。
「こういうものがつくれるか」と尋ねるとともに、必ず確認することは次の3点です。

---

❶商品の単価
❷ロット（最低発注数量）
❸納期

　あなたがつくりたい商品が、希望の価格帯、現実的なロット

数で実現できるのか。さらに納期に関しては、国外工場の場合、輸送方法によっても大きく変わるので（船便か、航空便か）しっかりチェックしてください。

また、次のことも重要な確認事項です。

・**支払い条件（支払方法）**
・**取引条件**
・**保証の範囲**
・**検査費用**

万が一商品に不良が出た場合、どのように保証してくれるのかも確認しましょう。検品の有無もここで念のため確認を。

商品ジャンルによっては販売時に検査が必要なものもあります。食品衛生法等の検査費用についても、どちらの負担になるかをはっきりできるといいですね。

中国の工場の場合は追加で次の質問も必要です。中国から仕入れる場合は国際送料や輸入税も結構大きいので、次の条件は商品の値付けや原価にかかわってきます。

・**どこの港（もしくは空港）から出るのか**
・**送料はどこまで持ってくれるのか**
・**何かあったときのリスクはどちらがとるのか**

送料とリスク対応に関しては「**インコタームズ**」という言葉を押さえておきましょう。**国外の会社と取引をする際に、トラブルや行き違いを防ぐための条件をまとめたもの**のことを指し

ます。「荷物への責任や運賃を、どちらがどこまで負担する(もしくは、払う)のか」を決めるときの指針です。工場とのやり取りの中で出てくることもあります。特に下記の3つはチェックしてください。

【インコタームズの一部】

売主の施設から外へ出た後のリスク・費用を売主が負担しない

船上に商品を積んだ時点で売主の義務が完了し、一切のリスク・費用負担が買主に移転

リスク負担はFOBと同じだが、指定港までの商品の運送費・保険料は売主負担

以上が確認事項になります。

これらの返事を確認し、もし思ったより高いとか、ロットが大きくなければだめというときも、諦めて条件を飲まず、ダメもとで交渉してください。

交渉や相談に対してどのように対応するかで、その工場のスタンスがわかるはずです。

この時点で、「この工場、大丈夫かな…」と不安になる対応があったら、やめておいたほうがいいでしょう。返信が異様に遅い、こちらがいっていないのに、内容が変更されているなど、

社会人として「？」と思うところがあれば、契約後に大きなトラブルになることを未然に防ぐために、取引をしないという決断も必要です。

　ここで確認したことを契約書にまとめて、明記しておくと「いった」「いってない」のトラブルを防ぐこともできますよ。

　どんな内容の契約書を用意すればよいのかは、迷われる方も多いと思うので、契約書のテンプレートを下記サイトからダウンロードできるようにしました。参考にしてみてください。
https://www.seishun.co.jp/hitorimaker/

工場とのやり取り、ここに注意せよ！

　工場に発注する前に、必ず事前にサンプルを取り寄せておきましょう。費用が発生しますが、本注文したときに相殺してくれる場合も多々あります。

　中国工場の場合は、同じサンプルでもばらつきがある場合があるので、5～10個くらい取り寄せたほうがよいでしょう。形や色が注文した通りか、処理が甘い箇所、危ない箇所がないか。最終的にお客様にお渡しするものです。検品するつもりでしっかり見てくださいね。色については、特に中国に発注する場合はPANTONEといった世界共通の色見本帳の中のナンバー（例：185番→赤色等）で注文しないと、びっくりするような色で出てくることがあるので注意です。

　サンプル取り寄せの際には、物の品質だけでなく、スムーズにサンプルを送ってくれるか、想定と違う場合でもきちんと対応してくれるかなど、やり取りの質も同時に確認を。**わからないことや、気になったことがあれば、些細なことでも質問する**

ことが大事です。そのうえで、要求があれば必ず伝えましょう。もし要求通りにならなくても、伝えたという事実を残すこと。

　この段階でも、気になるところがあれば取引を中止する勇気を持ちましょう。

最もよい工場を選ぼう！

　リストアップした複数の工場でサンプルをつくってもらい、サンプルの出来にも、対応内容にも満足でき、条件にも納得できたなら、いよいよその会社に商品を発注します。

　不要なトラブルを防ぐため、事前に契約書を交わしましょう。

　アリババ経由で支払いをした場合は、万が一商品に問題があった場合、30日以内であれば返金要求も可能です。

決めること④ ブランドの方針

目指すところはブランド化

　ルイ・ヴィトンやエルメスのバッグがどれだけ高くても選ばれるのは、認知度が高く、そのブランドが発するイメージやストーリーに共感する人が多いからです。最初から「エルメスを目指せ！」とはいいませんが、**市場で選ばれ続けるために、あなたの商品もブランド化する必要があります。**

　ブランドをつくらないとどうなるか——。常に新規の顧客を獲得するために、稼働し続けなければなりません。競合他社との価格競争をしながら、商品の認知を上げるために広告、ＳＮＳでのプロモーションを行う…。それらを新商品の企画と並行して、延々と続けることになり、商品をユーザーに認知してもらうまでに、毎回多大な時間とお金、労力がかかるのです。

　ブランド化すれば、新商品が出たら買ってくれる層がつくので、広告費を使わなくても、指名買いが起こります。同じように物を売るなら、こちらのほうがいいと思いませんか？

　ブランド化とは、「**ブランド名と商品の特徴がユーザーに記憶されていて、かつ、購入商品の候補になっている状態**」です。

　リンゴのマークを見たら誰もがApple社を思い出すようなもの。高くても、iPhoneの新作が出たら多くの人が予約をしてまで「指

名買い」しますよね。

　さらにいえば、スマホを買おうと思ったときにApple社のiPhoneがまず選択肢に入るのも、ブランディングの効果です。

　牛丼を食べたいから「吉野家」に行こうとか、家でお茶漬けを食べたいからスーパーで「永谷園」のお茶漬けを買おうという状態。これが、消費者の中で名前と機能が一致している状態です。

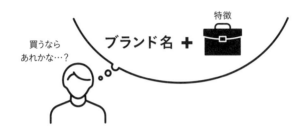

　エビデンスに基づく科学的なマーケティング理論で知られるバイロン・シャープ氏は、この「想起されやすさ（思い出されやすさ）」をメンタル・アベイラビリティといっています。

　メーカー側は消費者に選んでもらおうと、細かいスペックまでアピールしようとしますが、消費者はそこまで細かくスペックを見比べていません。

　細かいスペックよりも、そもそもその商品を覚えてもらえているかどうか、さらによいイメージを持たれているかどうかが重要です。身も蓋もないようですが、だからブランディングに力を入れましょうということです。

　一般人である私たち個人がApple社のようなブランドをつくると考えると途方もないことのように思いますが、このように、

「名前と機能が一致して」「想起されやすくなる」状態をつくればよいと考えるとできそうな気がしませんか。

一般人がブランド化する商品をつくるには

私たちがこれからブランドをつくるためにはどうすればよいのか。大企業のようにお金をバンバン使ってコマーシャルを打つのは難しいので、無名な個人なりの戦略を練る必要があります。

ブランド化の手順は「**印象づけるためのセッティング**」→「**露出を増やして認知度を高める**」の二段構えで考えましょう。印象づけるためのセッティングに必要なのは、次の3つのこと。

❶ネーミング
❷デザイン・ロゴ
❸ストーリー（または価値観）

いきなりですがネーミングもデザインも、一人で考える必要はありません。どちらも、他力を活かしたほうがよいものができます。

ここでは、クラウドソーシングを活用しましょう。**私のブランド名や商品名、ロゴもコンセプトを伝えて、クラウドワークスやLancersの「コンペ」で募って決めています**。コンペに出すと、自分では逆立ちしても思いつかないようなアイデアがたくさん集まります。

Lancers
https://www.lancers.jp/

クラウドワークス
https://crowdworks.jp/

　ただ、どれだけたくさんのよいアイデアが集まったとしても、そこから選ぶのは自分です。基準が明確でなければ、選択できないので、選ぶ際の指針となるポイントをここで示しておきましょう。まずはネーミングについて。

・**機能やウリを端的に表している**
・**覚えやすい**
・**音感がよい**
・**短くシンプル**
・**発音しやすい**

　これらを念頭に、置いて選び（もしくは考え）ましょう。
　小林製薬の商品を思い出してもらうとよいでしょう。「熱さまシート」「のどぬ〜るスプレー」「ガスピタン」など、**どんな機能があって、何に使う商品なのかが、名前を聞いただけですぐわかります。**
　商品の特徴がわかるネーミングとしては、「なめらかプリン」「あまおう」なども秀逸です。特徴がわかるばかりか、名前を聞いただけで、歯ざわりが想像できたり、よだれが出てくるようなよいネーミングです。
　予備的な情報になりますが、「**地名**」をつけることでその土地の持つイメージを商品に取り込む方法、創業者の名前を使う方法もあります。「銀座千疋屋」などはいい例ですよね。銀座という地名から高級感を一発で感じられるでしょう。

最近ではちょっとびっくりするような意表を突くネーミングも人気です。

例えば「男前豆腐」シリーズ。豆腐に男性の名前が使われるとは普通思いません。パッケージもインパクトが強く、売り場で目を引きます。男前豆腐は他の豆腐よりやや高額ですが、一日に5万丁も売れているといいます。もちろん美味しいからなのですが、ネーミングの影響も大きいと思います。

ただし、意表を突くネーミングは、ときには消費者に不快感を与えたり、最初のインパクトだけで飽きられたりと諸刃の剣なので、使い方には注意が必要です。

避けたほうがいい名前もある

ネーミングの中には、避けたほうがいいものもあります。特に、**一般名詞は使わないほうがよいでしょう。**

ご存じの通りイーロン・マスク氏にTwitterは買収され、Xという名前に変わりましたが、未だに「X（旧Twitter）」のように併記されているのを見かけます。今では改善されましたが、以前はXで検索するとアーティストのXジャパンのページが上位に表示されていました。一般名詞を選んでしまうと、下手をすれば永遠に検索結果の1ページ目に名前が出ないこともあります。検索したときに自分のページが一番に表示されるようなオリジナリティのある名前にしましょう。

また、特許庁のウェブサイトで、すでに同じ商品がないかどうかも必ず確認してくださいね。

J-PlatPat
https://www.j-platpat.inpit.go.jp/

ロゴは超重要

　ここまでネーミングについてさまざまなことをお伝えしてきましたが、実はより重要なのは、ロゴデザインのほう。なぜなら、人は「**視覚からの情報のほうが頭に残りやすい**」ためです。

　もし、NIKEの「あの」スウッシュマークがなければ、世界的なスポーツブランドになっていたでしょうか。ストリートファッション好きならおなじみのア・ベイシング・エイプというファッションブランドは、猿のロゴマークが特徴的です。一度見たら忘れられないこのマークですが、もし、ただ「APE」とだけ書いてあったら印象には残らないと思いませんか？

　こんな風にロゴマークはブランドの行方を左右するといっても過言ではありません。

　このロゴマークこそ、プロのデザイナーに依頼したいところ。 そんな知り合いがいなくても、全く問題ありません。

　ランサーズやクラウドワークスで、1万円からでコンペを行うことができます。3万円も払えばかなり質の高いデザインを提案してもらえます。

　予算が厳しければ、**coconala**を使えばもう少し安く依頼できる場合もありますし、最悪自分でやるとしたらウェブ上にたくさんあるロゴ作成ツールや、**Canva**というデザインソフトを使う手もあります。私は会社のロゴデザインは海外の無料ロゴ生成サイトを使って自分でつくりました。このあたりも予算感を見て、臨機応変にいきましょう。

　ロゴを考えたり、選ぶ際の基準はネーミングと同様です。

・機能やウリ、目指す雰囲気を表している

・目につく、記憶に残る

　上記を意識して、ロゴを決めていきましょう。

Canva
https://www.canva.com/

仕上げにストーリー

　最後に、商品にまつわるストーリーです。
　人は、物語に心を動かされます。**よいストーリーは、類似商品が多数ある中で、その商品を買う大きな動機・決め手になるのです**。また、購入した人が「こんな商品があってね」と、他者に話したくなるストーリーがあれば、それは、口コミという宣伝効果まで狙えます。
　あなたがなぜその商品をつくろうと思ったのか、その動機やエピソードをまとめておきましょう。

・商品を開発したきっかけ
・なぜこの商品が必要だと思ったのか
・開発にどんな苦労があったのか

　などをある程度印象的に、多少ドラマティックに、読んでいて心を動かされるように書いておくのです。
　ここでまとめたことが、ECサイトや商品ページの商品説明の基礎情報になり、メディアに商品説明をする際にも役立つようになります。

ただ、嘘はだめ。不思議と嘘は、買い手にばれてしまいます。

もし、あなたが思い入れのない商品を扱っている場合、語りたいストーリーはない場合も多いでしょう。そういうときは、**商品名やロゴマークの由来などを整理したり、周辺情報を調べたり、丁寧に棚卸ししてみてください。**

認知を高める

「印象づけるためのセッティング」ができたら、露出を増やして認知度を高めます。

単純接触効果といって、接触頻度を増やすだけで人は勝手に親しみを持ちます。人間関係もそうですが、何度も会っている人には警戒心が薄れ、だんだん好きになってくるのと同じです。**何度もそのブランドの名前を見たり、ロゴマークを見たりするうちにあなたのブランドに親しみを持つ人を増やす**ということです。では、露出を増やすにはどうすればいいのか。

ここは正直、いきなり有名になる裏技はなくて、地道に王道をいきましょう。

具体的には、次のような方法があります。

- **SNS**：前項で考えたストーリーを軸にして、自分のブランドの世界観を発信しましょう。毎日同じ時間に投稿するのが読んでもらえるコツ。
- **広告**：お金はかかりますが、多くの層にリーチできます。
- **プレスリリース**：160ページで詳しく話しますね。多少お金はかかりますがおすすめです。複数の有名媒体に掲載されることもあり、権威づけにも効果があります。

- **イベント、ポップアップストアに出店**：リアルイベントでは消費者と直接交流することができ、ファンをつくることもできます。

これらをコツコツ行い、ブランドを世に広めましょう。

商品を売る前に、必ずチェックすべきこと

お疲れ様でした！ ここまできたら商品の完成も目前。

最後に、ここで確認しておかないとまずいことをチェックしておきましょう。

ブランド名や商品名、ロゴ、商品自体が
他社の権利を侵害していないか

最も気にしたいのが「**商標権**」。商標権とは、ロゴやマークなどについて、ある事業者の独占的・排他的な仕様を認める権利です。つまり、商標登録されているロゴ、商品名は、登録している業者以外は使えないよということ。商品ロゴが全く同じになることは、なかなかないと思いますが、意図せず侵害していないか確認しましょう。

また、**「意匠権（形状、模様、色彩に対する独自の権利）」「特許権（発明などへの権利）」「実用新案権（形状やアイデアの組み合わせに関する権利）」**も、他社製品を侵害していないかチェックできると安心です。

142ページで紹介したJ-PlatPatというサイトでチェックもできますが、私はこのチェックこそ、プロに頼るのがいいと思っています。費用は2万円ほどかかりますが、弁護士にチェックしてもらうことで安心して販売にすすめます。

タグや商品表示に必要なものの漏れがないか

私たちが普段何気なく見ている商品タグにも、決まりがあることをご存じでしょうか。**家庭用品品質表示法**を確認すると、事業者がタグなどに表示すべき事柄がわかります。

必要事項を過不足なく記載できるように、準備しておきましょう。

販売に届け出や許可が必要なものはないか

商品を販売するときに、独自の届け出が必要なものもあります。

届け出とひとことでいっても、多少お金と手間がかかるけれど取得が難しくないもの（難易度低め）、それなりにお金も手間もかかるので、初心者は扱わないほうがいいもの（難易度高め）など、取得までにかかる労力が違います。

簡単にまとめたので、参考にしてみてください。

- **■難易度低め**：ワイヤレスホンなどの Bluetooth 機器等（技適）、コンセントを使用する電化製品（PSE）、食品用器具（食品衛生法）、6歳未満向けのおもちゃ（食品衛生法）

- **■難易度高め**：食品（食品衛生法・植物防疫法等）、化粧品（化粧品製造販売業許可）

- **■手を出さないほうがいい**：医療機器（薬機法）、ガス製品（ガス事業法）

これらはそれぞれ、検査や省庁への届け出が必要になるので、確認し、対応を忘れないようにしましょう。

「ひとりメーカー」の教科書

第 4 章

ステップ3

どこで売るか

デビューから
継続販売まで

サンプルの出来映え、どうでしたか？

 これがすごくよくて…。僕たちの思いが具現化したみたいで、ちょっと泣いちゃいました。

 感動するのは早すぎます。ここからしっかり売っていかないといけないんですから！ さあ、販売戦略を立てますよ。

 （息をつく暇もない！）でも、戦略なら考えてますよ。僕、ハンズとかロフトが好きなんです。そこに置いたら絶対売れると思うんですよね。

 いや、初手は決まっています。クラウドファンディングですよ。

 えっ！ そういえば、めいちゃんの職場の人の話でそんなの出てきたような…。

 私も話を聞くまで、クラファンってお金集めて映画をつくるとかそういうイメージだったなぁ。

 それで合っていますよ。あくまで資金調達の仕組みなので、寄付や投資など目的はさまざまです。中でも、ひとりメーカーで扱うプロダクトと相性がいいのが、購入型という種類。プロジェクトの支援者、つまりお金を出し

てくれた人に商品の現物を提供することになります。

ん？ お金を受け取って商品を送るなら、普通にネット通販でよくないですか？

いい質問です。クラファンの強みはいくつかありますが、資金がなくても出店できること、そしてテストマーケティングができるのが大きいんです。無事に支援者が集まってプロジェクトが成功すれば、資金が手に入るし、それから本格的に工場に発注すればいいので、在庫を抱えるリスクがないんです。

…ってことは、当然失敗することもあると!?

そうです。だから戦略が必要なんですよ。確か、目鹿さんは営業でしたよね。

いやいやいや！ 営業とは名ばかりでして！

いえ、対面で販売するのと、ウェブで物を売るのは違うといいたかっただけです。商品を手にとってもらい、直接説明できる対面販売と違い、文章や写真だけで商品のよさを伝えないといけないので、それなりの対策が必要なんです。

ウェブでの販売か。私もメルカリならやったことあるけど、写真が一番大事なのはわかるかな。特に一枚目。

その通り。できればプロに撮ってもらいましょう。クラファンの場合、どんな場面で、どうやって使う商品か、使用イメージが伝わりやすい写真も必要ですね。僕はモデルを雇いますけど、そこはお二人が務めてもいいですよ。

ヤバい、ダイエットしないと…。

そんな余裕ないでしょ。それより、どういう写真がウケがいいんでしょうか？

これは、商品説明にもいえることですが、**商品を買って得られる幸せをイメージさせることが重要**です。

なんかわかるかも！ いきなり「これは最新モデルで、何万画素で〜」って売り込みされてもポカンとしちゃうけど、「料理の写真を実物より美味しそうに撮れますよ」っていわれたらいいかもってなるもん。

スペックももちろん大切ですけど、最初にいうべきはそこではないってことですね。**要は伝える順番と、どこを重点的に伝えるのかの取捨選択です**。クラファンのページは基本的にスマホで見られることを考えれば、情報を

絞ることの重要性がわかるでしょう。

そうか。小さい画面で、隙間時間とかにサクッと見られるんだから、細かい字は読まれないし、すぐ飽きて他のページとか見られちゃうよな…。

クラファンで出品するには審査もあります。審査対策も抜かりなく行いましょう。

デビューは「クラファン」一択です

　あなたがつくった渾身の商品を、いよいよ市場にお披露目していきましょう。どれくらい売れるのか楽しみですね。

　ひとりメーカーのマーケットはオンラインが基本です。
　実店舗での販売も視野に入れてよいですが、初心者のうちはオンラインのほうがさまざまな販売方法や販促手段も多いので売りやすいはず。
　オンラインショップといえば、Amazonや楽天を思い浮かべる方が多いかと思いますが、ひとりメーカーデビューの場所は、**「クラウドファンディング」がベスト**です。

　クラウドファンディング（クラファン）をご存じでしょうか。
　もうご存じの方もいるかもしれませんが、念のため、クラファンについて少しお伝えしましょう。
　クラウドファンディングとは、**インターネット上でたくさんの人から少しずつお金を集める仕組みです**。クラウドは群衆、ファンディングは資金調達の意味。クラファンは２つを合わせた造語ということになります。
　「こういうサービスを始めたい」「歴史的な建物を修復したい」といったプロジェクトを立ち上げ、国内外にあるクラファンサイトを通じて支援者を募ります。
　こう聞くと募金のようですが、クラファン最大の特徴は支援者にリターンがあること（リターンがない「寄付型」のクラフ

ァンもあります)。支援者は出資の見返りとしてリターンを得ます。ひとりメーカーのようなプロダクトを扱う場合、リターンはその商品そのものです(いわゆる購入型クラファン)。

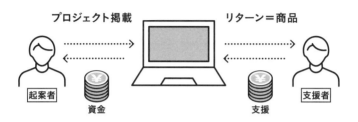

早く出資するほど割引額が大きいのが一般的で、早く出資した人は定価よりも安く商品を購入できます。つまり、**クラファンでの販売では割引が前提となるので、割引分も踏まえて価格設定をする必要があるのです。**

出資額が自分で設定した目標金額に到達すればプロジェクトは成功。成功したあとも設定期間までクラファンは続くので、できるだけ多くの資金を集める=たくさんの商品を売ることができます。**万が一、目標金額を達成できなくても商品は発送するAll in型と、達成しない場合は返金されるAll or nothing**という方式があります。

プロジェクトが成功した場合、プラットフォームに手数料が支払われる仕組みで、出品するだけなら基本的に無料です。

クラファンに馴染みがないと、すごく難しそうだし、初心者には向いていないと思うかもしれませんが、むしろ逆。

なぜ、ひとりメーカーデビューはクラファンにすべきなのか、その理由をお伝えしていきますね。

理由❶ 在庫リスクを減らせる

クラファンでは「プロジェクトが成功し、商品代を集められたら商品を工場に本発注する」というフローをふめます。そのため、**在庫リスクを抱える心配がありません。**

いわば「予約販売」ができるのです。

【クラファンの流れ】

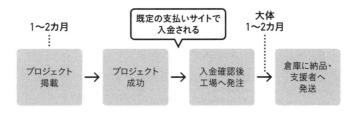

理由❷ 価格競争に巻き込まれにくい

新たな商品やサービスをいち早く購入する人、新しい商品を買うのに消極的な人など、新商品を取り入れる早さで消費者を5つにわけるマーケティング理論を「イノベーター理論」といいます。

この理論で考えると、クラファンの利用者の多くは「最も早く新商品を取り入れる層（イノベーター）」と「トレンドに敏感で新商品採用にも積極的な層（アーリーアダプター）」といえるでしょう。

これらの層は、市場全体の16％程度で、マジョリティとはいえませんが、「買って損した」とか「期待外れ」となるリスクを負ってでも、新しい商品を求める傾向にあるので、価格に

あまりとらわれず商品購入をするのが特徴です。

イノベーターの多くは好奇心が購買のきっかけになるので、「何か面白そうなものないかな」とクラファンサイトやメルマガを眺め、気になるものがあればポチッと買ってくれます。

そういう買い方が多いので、クラファンでは**競合と価格やスペック等の面で比較検討されにくいのです**。トイレットペーパーのような日用品を買うなら、せいぜい選択肢としてはダブルかシングルかぐらいで、ほとんどの人はより安いものを比較検討して選ぶはずです。クラファンなら、まず「この商品、面白い！ 欲しい！」から入るので、価格や納品までの早さで選ばれることが少ないのです。

そういう買い方ができるということは、割とリッチな層が中心なので、**値段をそこそこ高めに設定しても売れます。**

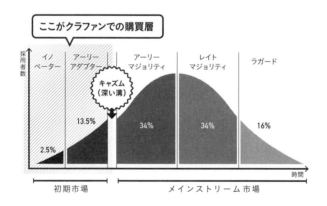

このような理由から、初心者でも売れるのがクラファンなのです。

一方で、クラファンで販売できる期間は1〜2カ月程度という縛りがあるので、その後、Amazonや楽天で同じ商品を売ろ

うとしたら「思うように売れない！」となることはあります。

そこで必要なのが、先ほどもお話ししたブランディング（138ページ参照）。そしてAmazonでの販売スキルです（これは後ほどお伝えしますね）。

デビューが肝心なことに間違いはないので、まずはクラファンでしっかり売りましょう。

理由❸ 商品の認知度を上げられる

クラファンに出品し、その際にPR TIMESなどでプレスリリースを打つと、**商品発売自体をニュースとして、メディアに取り上げてもらえる可能性があります。**

ただ、PR TIMESでリリースを打つ場合は事前に企業申請をし、審査を受ける必要があるので先に申請をしてくださいね。私はいつもクラファンに商品を出す際は、プレスリリースを打っていますが、プレスリリース経由で商品を知ったメディアから取材されることも少なくありません。

PR TIMES
https://prtimes.jp/

メディアで紹介されると、商品自体の認知が上がり、売り上げも上がります。
　また、取材実績をAmazonページなどで紹介すると、商品の信頼性も高まりますよね。
「プレスリリースなんて打てるの？」と思われる方もいるかもしれませんが、個人事業主でもリリースをうつことは可能ですよ。

クラファンで、商品販売ができるなんて知らなかった！　こんな世界もあるんだね。

在庫を持たずに予約販売できるのは、安心。待ってくれている人のためにも、いいかたちで商品を届けられるよう、頑張らないと！

なぜ、「Makuake」で売るべきなのか

　日本には無数のクラファンのプラットフォームがあります。

　166～167ページに代表的なクラファンの特徴をまとめたので参考にしてください。

　クラファンの中でもＰＶ数、ユーザー数を二分するのが Makuake と、CAMPFIRE です。その２つのうち、最初に選びたいのはMakuake。

Makuake
https://www.makuake.com/

　なぜMakuakeなのかといえば、利用者が多く、集客力が他に比べて圧倒的だから。

　また、プロダクトに特化したクラファンなので、ひとりメーカーと相性も抜群です。

ユーザー数でいえばCAMPFIREも負けていないのですが、こちらはプロダクト以外にも、例えば映画をつくるプロジェクトとか、社会貢献とか、複数のジャンルを扱っているため、ユーザーがばらけてしまう傾向にあります。

　ただ、Makuakeは、非常に審査が厳しいクラファンでもあります。

　薬機法や景品表示法に抵触する表現だけではなく、すでにAmazonやアリババに類似品がある場合も審査が通らない可能性があります。

　また、一次審査を潜り抜けても、二次審査で落ちてしまうことも少なくありません。

　万が一、Makuakeの審査に落ちてしまった場合、あるいはMakuakeに出品しない場合のもう一つのファーストチョイスはGREEN FUNDINGです。

GREEN FUNDING
https://greenfunding.jp

売り伸ばしのチャンス
「おかわり」って何?

　ファーストチョイスとして挙げたMakuakeやGREEN FUNDINGでの販売期間が終了したら、「これにてクラファンは終了」ではありません。

　別のクラファンサイトでもう一度同じ商品を販売しましょう。 通称「**おかわり**」です。

　「おかわり」は少ない労力でさらに売り上げを上げられるので、できるだけやることをおすすめします。

　ルールとして、一つのクラファンでプロジェクトが終わっても、リターン商品の発送が終わるまで、別のクラファンに出品してはいけないというものがあります。おかわりは一つ目のクラファンの納品が終わったら。

　商品をお客様の手元に届けるまでがクラファンと心得ましょう。

　また、おかわりの場合はMakuake、またはGREEN FUNDINGの最高価格より高い価格で出品しましょう。そうでないと、最初のクラファンで早い段階で購入してくれた人が報われず、クレームになることも。

　さて、次に出品するのはどのクラファンサイトがよいのでしょうか。

　前提として「おかわり」OKとしているサイトを選びましょう。ちなみに、第一選択肢の二つのサイトは「おかわり」不可のため、**Makuakeのあとに GREEN FUNDINGで出品はできません。**

　おかわりOKなサイトと、その優先順位は次の通り。

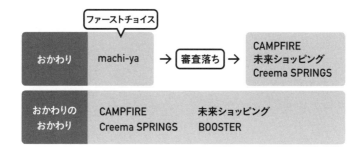

ファーストチョイスはmachi-yaです。

おかわりも終了したなら、「おかわりのおかわりも」可能です。ここで紹介したおかわり可能サイトや、他にもたくさんのクラファンサイトがあるので探してみてください。

せっかくいい商品ができたのだから、できるだけクラファンで売りましょう。

おかわりのおかわり！　って、ものすごく満腹になりそう…。

**…。守るべきルールを押さえて、おかわりをしましょう。「おかわりは一つ目のクラファンの納品が終わってから」。
また、「一つ目のクラファンよりも高い価格で出品」を忘れないでくださいね。**

代表的なクラファンサイト 比較表

	Makuake	GREEN FUNDING
手数料	20%＋消費税	20%・1支援ごとに220円
締め日	月末	月末
入金日	翌月25日	翌月末
主な客層	30～50代男性が多い（最近は徐々に幅が広がっている）	Makuakeに近い
向いている商材	プロダクト全般	ガジェット系
審査	比較的厳しい。出品審査通過後のページ審査も非常に厳しい。	比較的厳しくない。
特徴	集客力が他のサイトよりも圧倒的に強い。	広告タグ・GA4（アクセス解析ができるプロパティ）の設定可。販売中のページを修正することも可能。

CAMPFIRE	machi-ya	未来ショッピング	Creema SPRINGS
17%＋消費税	25%＋消費税	25%	20%
月末	月末	月末	月末
翌月末	翌月末	翌々月第5営業日	翌月25日
比較的幅広い年代	Makuakeに近い	日経系メディアの読者層	女性が多い
幅広いジャンル	ガジェット系・アウトドア	財布・バッグ・時計	アクセサリー・美容・キッチン用品
厳しくない。	審査落ちあり（メディア掲載を前提とした独自の審査あり）。	主として法人が対象。	女性向けか？ モノづくりを大事にしているか？ の2つが審査基準。
Makuakeと並ぶメジャーなプラットフォーム。広告タグ・GA4の設定可。販売中ページの修正も可能。クラファン終了後に自社サイトへ誘導することも。	ライフハッカー、ギズモードジャパンへ掲載される。それ以外はCAMPFIREと同じ。	日経系メディアに広告が無料掲載される。他のクラファンサイトにも掲載される。	クラファンとしては数少ない女性向け商品が売りやすいプラットフォーム。

はじめてでも簡単！クラファンの始め方

　商品サンプルもできた、挑戦したいクラファンも決めた…！ここまできたらあとは始めるだけです（もし、まだ商品サンプルがない場合は**先にサンプル品を工場から取り寄せてください**。サンプルを撮影した商品画像を用意して出品準備を行います。また、サンプル品はクラファン運営者から送付を求められることもありますよ！）。始める前に価格について少しだけ。クラファンでの販売は定価ではなく、割引価格が前提となります。**「超早割25％オフ（10名限定）」→「早期割引20％オフ（30名限定）」→「特別割引15％オフ（30名限定）」**など、段階的に割引額を設定し、早く購入したほうがお得に手に入るようにしましょう。こうすることで売り上げの初速が見込めます。

　割引しても、利益が残る価格に設定することを忘れないでくださいね！

　各サイトに**「プロジェクト掲載申し込み」**ページがあるので、必要事項を記入し、申し込みを行います。申し込みののち審査や担当者との打ち合わせがあるので、申し込んで数日後に始められるわけではないことにご注意を！

　審査を経て、晴れてクラファンをすることになったら、次に待っているのが「クラファンのページづくり」です。直接お客様とお話できないぶん、クラファンの売り上げはページに大きく左右されます。売り上げにかかわるページづくりのコツをここからお伝えしていきますね。

売れている商品は
「幸せ」の伝え方がうまい

　あなたはクラファンのプロジェクトページを見たことがありますか？　一度も見たことがない方はまず、Makuakeなどで気になるページを見てみてください。

　縦長のページに、メインの画像、商品紹介、商品詳細、開発ストーリー、Q＆A、会社紹介…のような構成になっていることがわかります。

　一般的な通販ページよりもかなり画像が多いですよね。

　どんなページをつくればよいのかをひとことでいえば、

　ユーザーに「商品を購入することで得られる幸せ、うれしい気持ち」をイメージさせるページといえるでしょう。

　商品のかっこよさがわかる画像を何十枚も載せるより、これすごいでしょ！　というスペックを延々語られるより、**「これを買ったら、楽しそう、美味しそう、気持ちよさそう」**など、自分の身に起こることをイメージさせることがずっと大切なのです。

　この考え方を基本に商品画像やテキストを用意しましょう。

　私はプロジェクトページ内に、いくつかの「要素」を入れ込むことを意識しています。ここでは、その要素をお伝えするので、よかったら参考にしてください。ケースバイケースなので、もちろんこのすべてを網羅する必要はありません。

第4章　ステップ3∴どこで売るか

要素❶ 喚起

「気になる！」「なんだこれ！」「これが欲しかった！」と、見た人に思わせる驚きや新鮮さ、ニーズを掘り起こすような画像やメッセージ。

クラファンではトップ画像がそのままサムネイルにもなるので、トップ画像にこの要素を入れ込むことが多いです。

要素❷ 結果

この商品を買ったユーザーにどんないいことが起きるか、その結果を具体的に示します。ここで伝えたいのは、あくまで**ユーザーのベネフィット**（美味しい、家事がラクになる、楽しい、便利など）。商品自体のメリット（とっても甘い、持ち手が長くて持ちやすいなど）や優れた機能ではなく、その先にあるユーザーにとって「よいこと」を、「機能面」「感情面」で伝えます。

要素❸ 証拠

科学的根拠（検査結果）、**客観的根拠**（統計データ・実験データ・アンケート）、**認証**（ISO等）、**商品使用時のデモ動画、他社との比較**がこの「証拠」にあたります。商品の信頼性を高めるための大事な情報です。

要素❹ 信頼・権威

ここは、少しイレギュラーなのですが、過去に販売したもの

の第二弾であれば、第一弾の実績を借り「累計販売数 1 万個のあの商品の第二弾！」等の言葉で記載できます。また、**著名人や医師・専門家等からのお墨付き**がもらえるようであれば、推薦文をもらうのも一つの手。ユーザーに「買っても損しないかも」「安心して買えそう」と思ってもらうための要素です。

要素❺ 共鳴

モニターの声や導入事例、使用シーンの紹介など。実際に使った人がどうなったか・どう思ったかは、商品を買うか判断するときの重要な基準です。「もっと早く使いたかった！」「こんな悩みが解消されました」等、使用者のポジティブな変化を打ち出すことで、商品とお客様との距離を縮めます。

要素❻ ストーリー

138ページのブランディングの話の中で出てきた「ブランドストーリー」も、ここで入れていきましょう。**開発秘話、この商品にかける思い、なぜこの商品が必要だと思った**のかなど、ユーザーの感情に訴えかける内容があると、他の商品との明確な差別化になりますし、その商品にしかない魅力が生まれます。

要素❼ クロージング

ここは最後のダメ押し的に入れることが多いのですが、「**今買う理由**」を明記して、購入の後押しをします。そもそもクラファンのユーザーは、必要にかられて買い物をしていない人が

ほとんど。「ちょっとこの商品いいかな」と思っている、そんな方に向けて「今なら1年間の保証つき」など期間限定オファーなどを提案することで、購入を後押しします。

一例として、最近私がつくった商品「鬼万能パン」のページを紹介します。

トップ画像と言葉はとっても重要。ここで興味を引けなければ、商品ページまできてもらえない、読んでもらえない

【喚起】鬼万能パンの「鬼」を目立たせ、目を引く。なんだ？ と思わせる

見ていただいてわかるように、すべての要素を言葉で入れ込んでいるわけではありません。今はスマホでの情報収集が主流なので、言葉を読んで情報を集めるというよりは、画像などを見て気になるところがあったら、読み込むというように、「画像や動画などを見て」情報を集める方が多いと思います。
なので、**要素によっては画像だけで伝えるものもあります。**

最も力を入れたいのは、サムネイルにもなるトップ画像。
ここで、このプロジェクトページにきてくれるかも決まるし、そのあとの情報を読んでくれるかも決まります。

ストーリー

1. 携帯性に優れているのにしっかり厚みも確保されているから、料理を美味しく作れます。
2. アルミとステンレスのいいとこ取りした二層鋼クラッドを使用しています。
3. 燕市商工会議所が優れた製品だけに付与する「メイドインツバメ」マークを取得しています。

> 携帯性に優れていて、料理が美味しいという【結果】と「メイドインツバメ」マークという【権威】をこの文章に

> 文章で長々書くよりも、ベネフィットを喚起させる画像や動画をページの上部に入れ、視覚に訴える

> この商品の一番のウリ「アルミ×ステンレス」は図版で示して、イメージしやすく

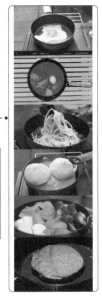

> 【共鳴】の要素。使えるシーンは写真で提案。使用しているところが想像できるように

> 【クロージング】オプションのカバー提案で、「今買う理由」をつくる

また、商品のウリはできるだけ早めに（ページ上部に）出すことをおすすめします。ものによっては、ウリが何個もある商品もあるでしょう。そういう場合は、**最もユーザーに喜ばれそうなウリ、優先順位の高いウリをページの上部に出してくださいね**。ユーザーの関心が高い状況で、どれだけいい情報を伝えられるかがキモです。反対に最後でもいいのが、スペックなどの諸情報。クラファンでは、細かいスペックは購入動機に大きくかかわらないからですね。

[**クラファンページの構成**]

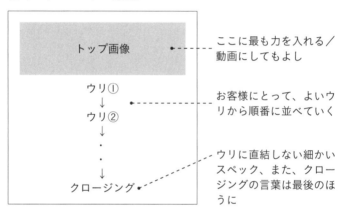

　視覚で訴えるのが大事とお伝えしましたが、文字情報をおろそかにしていいわけではありません。

　対象ユーザーに検索されやすい（してもらいたい）ワードをいくつか絞り、商品タイトルに入れましょう。商品タイトルにこだわることで、検索機能を使って買いたい商品を探している方にもきちんと見てもらえるようになります。

商品のよさを伝える写真、どう用意する?

ここまで読んでいただくと「あれ、クラファンって結構写真が大事なんじゃない?」と、わかっていただけるかと思います。

そう、**クラファンは写真が命**。特に一枚目に掲載する写真はとても重要です。

どんな写真を用意すればいいのかですが、**これも「商品を購入することで得られる幸せ」を意識させる写真**を用意しましょう。

先ほどのプロジェクトページでは、美味しそうに肉が焼けている写真を複数枚掲載しました。

商品写真はもちろん必要ですが、より重要なのは使用している写真です。「買ったら、自分もこうなるかも!」と思われれば購買につながります。

なお、短い動画も入れられるので、効果的に使いましょう。

写真撮影は、できたらプロに任せましょう。クオリティが高い写真を用意できます。カメラマン・モデル・撮影場所の探し方を簡単に紹介します。

▶カメラマン

ランサーズやクラウドワークス(140ページ参照)で探せます。また、カメラマンマッチングサイトやインスタで探すのも手です。

物を送れば格安で撮影してもらえるVirtual Inというサービスも便利ですよ。

Virtual In
https://photo-o.com/

▶モデル

　カバンや服を紹介するとき、着用写真は必須です。モデル探しで私がいつも利用しているのは **Model Town** です。

Model Town
https://www.modeltown.jp/

　いわゆるモデル事務所を通さず、直接モデルさんに依頼できるので、リーズナブル。アマチュアからプロまでさまざまなモデルさんが登録しています。

　コンペ形式で**「〇月〇日、××で撮影します、拘束時間は〇時間、報酬は〇円」**と募集をかけることもできます。私の場合はキャンプ用品の撮影で、キャンプ場に来てもらって撮影しました。

▶撮影場所

　商品を使うシチュエーションに合った場所を選びます。自宅で撮ってもいいですが、きちんと場所を用意して撮影したほうが質が高く、プロっぽさが出ます。撮影場所を探すポータルサイトを活用しましょう。

SPACE MARKET
https://www.spacemarket.com/

instabase
https://www.instabase.jp/

instabaseはおしゃれで「映える」場所が多く掲載されています。

　積極的におすすめはしないものの、今はスマートフォンのカメラでもそれなりに質の高い写真が撮れるので、予算的に難しければ自分で撮るのもありです。モデルが手配できなければ、自分や家族、友達がモデルになってもOK。私も自宅で自分で撮った写真も一部使用しています。ひとりメーカーを続けるうちに選択の幅が広がっていけばいいのです。

　最後に、画像の加工ですが、これもクラウドソーシングでデザイナーに依頼できます。すべての画像を加工するとお金がかかるので、サムネイルのみを含むプロジェクトページ上部に表示される写真3枚くらいをプロに依頼、残りはCanvaを使って加工すると経費を安くおさえられます。

文章が苦手でも問題なし！
テキストづくりのコツ

　商品のウリやベネフィットを伝えるテキスト作成。ここは、文章が苦手でも問題ありません！

　クラウドソーシングで依頼して書いてもらうこともできますし、ChatGPTに書いてもらうのもよいですよ。結構クオリティの高いテキストを提出してくれます。

ChatGPT
https://openai.com/ja-JP/chatgpt/

　ただ、テキスト作成にもコツがあります。少し重複することもありますが、ここでお伝えしておきますね。

テキスト作成のコツ❶ベネフィットを短く！

　先ほどもお伝えしましたが、商品スペックを冒頭から長々と書くのではなく、**どんないいことが起こるのかベネフィットからまず書いていきましょう。**

　多くの人はスマホの小さい画面でプロジェクトページを見ているので、あまり細かい文字はじっくり読まないと思うのです（私もそうです）。だから、**文字で伝えることは最小限に。**

　私のつくっているフライパンは、実は熱伝導率が高く、丈夫で長持ちする特殊な技術を使ってつくられているのですが、消費者にとってそんなことは割とどうでもいいわけです。何センチ×何センチとか、どんな認証を取っているのかとか、つい書

きたくなってしまいますが、その情報の優先順位は低めです。

彼らにとって何が大事かといえば、「料理が美味しくできる」こと。さらにいえば、蒸し料理もできるとか、ラクに洗える…といったベネフィットの話が先なのです。こういった情報をユーザーにササる言葉で先に書きます。

テキスト作成のコツ❷ 表現に注意

いくら消費者の心をつかむためといえども、使ってはいけない表現があることに注意してください。

「それ、証明できますか？」と突っ込まれたら困る表現は使わないことです。審査が通らなくなってしまいます。例えば「世界初」「史上初」「ナンバーワン」といった客観的な裏付けをとるのが難しいことを書くのは避けましょう。

薬機法や景品表示法、広告のNG表現は念のためざっと調べておくとよいですね。

テキスト作成のコツ❸ キーワードを入れ込む

タイトルには検索対象になりそうなワードを入れ込みましょう。例えば、「フライパン」とか「IH対応」「キャンプ」のような、消費者があなたの商品を見つけるとき検索しそうなワードです。

サムネイル画像に文字を入れたらそれで満足してしまい、テキストに入れるのを見落としがちなので、注意しましょう。

クラファン成功のカギは「スタートダッシュ」にある

　クラファン成功のカギは、「スタートダッシュ」。クラファンには1日にいくつもの新プロジェクトが登録されるため、何もしなければまず埋もれてしまいます。そうならないように、**最初から売れている状態をつくりましょう**。お客さんが並んでいるラーメン店にはさらに行列ができるのと同じで、盛り上がっていそうなプロジェクトは、さらに売れる好循環が生まれます。

　売れゆきのいいプロジェクトは、クラファンのメルマガやトップページに掲載されやすくなるのも大きいですね。

　この状態をつくるには、プレローンチを行うと効果的です。

プレローンチを行う

　プロジェクトを開始する前に、ファンを集めておき、発売後すぐに行動してもらうことで、いきなり売れている状態をつくりましょう。

　簡単なものでいいので**LP（ランディングページ。製品の魅力を伝えるためのページ）**を作成し、そのLPに広告をかけます。LPには商品の紹介と、公式LINE（ブランドの公式LINEがない場合は事前につくりましょう！）やメルマガへのリンクを貼ってください。

　公式LINE、メルマガ等に登録してもらえれば、プロジェクトが始まったらいち早くお知らせできます。

　余裕があれば、抽選で何かプレゼントするなどもありです。

[ＬＰの構成]

ＬＰは、無料でＨＰを作成できる**ペライチ**というツールを使うと簡単です。

ペライチ
https://peraichi.com/

ＬＰにかける広告は**Meta広告一択**です。Meta広告とは、Facebook、InstagramといったMeta社が提供・提携するＳＮＳに表示される広告のことです。Meta広告はターゲティングに優れており、ある年代や性別の他、特定の趣味、興味を持つ「狙った」層に向けて広告を出すことができるのが特徴です。

Meta広告が有効な理由は、クラファンのターゲット層と関係あります。

消費者の購買行動を図で示すと、182ページのようになります。

まずは**その商品を知り（認知）、興味を持ち（興味）、候補の中から比較・検討し、実際の購買行動**に移るのです。

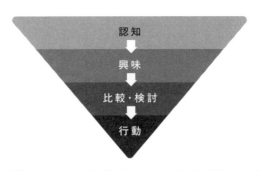

すでに買いたいものが明確な人には、検索結果にアプローチするGoogle検索広告といった検索広告が向いています。

一方、クラファンで購入するのはどんな人だったか、思い出してください。自分の興味、関心を持ったものを「面白そうだから買う」という層でした。

何を買いたいのかが明確になっておらず、**「何か面白いものないかな」と商品を探している状態の人は、SNSで偶然見つけた商品を買ってくれます。**

例えばインスタなどで趣味のキャンプ仲間や、キャンプ好きの有名人をフォローしている層に向けて、キャンプ用品の広告が表示されると、欲しいと思ってもらいやすいということです。

プロジェクトの効果的な広め方

　ここまではクラファン開始前のプロモーションについて話しましたが、今度は開始後の広告についてです。

　クラファンが始まったら、プレスリリースを出すことで、ネット上で一気に商品を広めます。

　出稿先は「PR TIMES」です。ここに掲載されると、PR TIMESが提携している大手ウェブ媒体数十社に自動転載されます。さっきまで世界中であなた以外誰も知らなかったあなたの商品が、たった一度のプレスリリースで、いきなり検索結果に表示されるようになります。

　リリースには、商品のウリなどを書きます。PR TIMESのページには他社の「新商品発売」のリリースがいくつもあるので、気になったものをいくつか読み、参考にしましょう。

　プレスリリースにはクラファンのプロジェクトページの他、あなたのブランド公式ページや会社ホームページも掲載できます。そのため、プレスリリースを行う前に、簡単でもよいのでブランド公式ページをつくっておくことをおすすめします。

　ＨＰ制作の知識が無い方やプロに依頼する予算がない方は、だれでも簡単にウェブページがつくれるWIXがおすすめです。

WIX
https://ja.wix.com/

　商品の売り上げに直接影響を与えやすい順でメディアを並べ

ると、

地上波テレビ→ウェブメディア→…→紙の雑誌

の順になるでしょう。**ウェブメディアは商品ページのリンクが貼られることが多いのでダイレクトに消費行動につながる媒体**です。

紙の雑誌は掲載された瞬間にいきなり物が売れるということはあまりないのですが、雑誌には権威性があるのでブランディングに役立ちます。

プロジェクトが成功したら

　プロジェクトが成功したら、規定の支払いサイトでクラファンから手数料を引いた購入金額が入金されます。

　入金確認後に工場に商品を正式発注し、商品が届いたら、お客様へ発送しましょう。

　自宅から商品を発送する方もいますが、大変なのでおすすめしません。下記の2社、どちらかと契約し発送業務を行うことをおすすめします。

　どちらの会社もECの配送に特化しているのでリーズナブルなのと、Amazonや楽天と自動連携でき、便利です。

ロジモプロ
https://www.logimopro.jp/

オープンロジ
https://service.openlogi.com/

　サンプル品ではなく、本発注時の検品はどうするの？　と思った方もいらっしゃるかもしれませんね。中国工場で生産する場合は、122ページで紹介したような代行業者に検品を依頼しましょう。数量確認・外観不良の報告などは、代行業者がデフォルトで行ってくれることがほとんどです。動作確認などのより詳細な検品を依頼したい場合はオプションでの依頼になるので、代行業者に相談しましょう。ただ、基本的には工場出荷時に工場側で検品を行ってくれるはず。不安であれば、そのあたりも事前に工場に確認しておくといいですね。

クラファン後、すぐにやるべきは「Amazon販売」

クラファン後は、ネットショップに場所を移して継続的に販売します。クラファンのすべての商品の発送が終わったら、なるべく早くこのタスクにとりかかりましょう。

ひとりメーカーが商品を販売する場所は、**ネット上のＥＣモールが中心です**。ＥＣサイト利用の実態を知るさまざまな調査を見ると実感しますが、Amazon、楽天市場、Yahoo!ショッピングの３つを押さえれば、日本のＥＣモールはほぼカバーできます。189ページに出店費用などをまとめたのでチェックしてください。

【最も利用しているＥＣサイト】

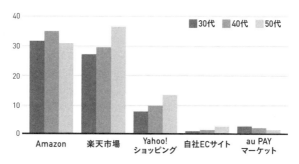

『生活者のEC利用実態調査2024』itsumoを元に作成

さらにいえば、**初心者が最初に選ぶべきＥＣモールはAmazon一択です**。

まず、前述の３サイトの中でも、Amazonの集客力は圧倒的。かつ、出店にかかる固定費も楽天に比べると安いのです。

COLUMN

万が一、クラファンができない or 売れなかったら…?

一生懸命つくった商品、でもクラファンでは審査落ちしてしまい、売ることができなかった…。クラファンに出したものの、購入してくれる方が少なくほとんど売れなかった…。残念ですが、このような事態に陥ることはあります。私も昔はありました。このような事態に陥ったときどうすべきか、私なりの考えをお伝えしますね。

●審査落ちの場合:
単に、今回応募したクラファンのルールに合わなかっただけといえるので、商品が売れるか売れないかは、未知数です。「Makuake には落ちてしまったけれど、他のクラファンに出せた!」ということもあるので、まずは他のクラファンにチャレンジしてみましょう。

●クラファンで全く売れなかった場合:
この場合は残念ながら、プラットフォームを変えても(Amazon などに販売場所を変えても)、売れない可能性が高いです。そのため、この商品に関してはいったん諦めて、次の企画を考えるのも一つの手だと思います。ただ、「売れなかった」のレベル感に注意してください。
目安として Makuake で購入者が 50 人以下であれば、Amazon での販売はやめたほうがよいでしょう。もし、50人以上に売れているのであれば、Amazon では売れる可能性もあります。

決済手数料もかかりません。

　Amazonの出店プランは「大口出品」「小口出品」から選択できるのですが、使用できる機能の多い**大口出品**がおすすめです。月額4900円、販売された商品には販売手数料5〜15％（※一部商品除く）がかかります。

　他にも、キャッシュフローが短い（2週間に1回！）ことや、パソコンが苦手でも販売ページがつくりやすいこと、さらにフルフィルメント by Amazon（FBA）という倉庫サービスに商品の管理・発送・返品対応まで任せられるのがAmazonのメリットです。

　たまに「自分でECショップをつくれば、手数料もいらないし、最高じゃない？」と、おっしゃる方がいます。確かに自社サイトはブランディングの観点からもとても大事です。

　自社サイトは自由度が高く、ブランディングもやりやすいのでおすすめなのですが、一点だけ気になるのが、集客。**Amazonなどのプラットフォームは集客をしてくれている**と考えると、販売手数料は決して高いとはいえません。

3大ECモール 比較表

	Amazon (大口出品)	楽天市場 (がんばれ！プラン)
固定費	4900円／月	25000円／月
販売手数料	5～15%	3.5～7.0%
決済手数料	無料	2.5～3.5%
ポイント原資負担	無料	1%
入金サイクル	2週間に1回	月2回
出店審査	◎	△
独自カスタマイズ	△	○
その他	※一部商品の販売手数料は異なる	※出店料は年間一括払い ※その他アフェリエイト手数料等がかかる

	楽天市場 (スタンダードプラン)	Yahoo!ショッピング
固定費	65000円／月	無料
販売手数料	2.0～4.5%	無料
決済手数料	2.5～3.5%	3.0～4.48%
ポイント原資負担	1%	1%～
入金サイクル	月2回	月1回
出店審査	△	○
独自カスタマイズ	○	○
その他	※その他アフェリエイト手数料等がかかる	※その他アフェリエイト手数料等がかかる

※楽天市場の固定費は「がんばれ！プラン」は1年ごと、「スタンダードプラン」は半年ごとの支払いです。ここでは比較しやすいように月額で割っています。

第4章 ステップ3‥どこで売るか

「キーワード」を制するものが Amazonを制す

Amazon販売のみならず、ＥＣ販売で成功するにはキーワード設定がすべてといえるでしょう。

キーワードは「実店舗のエントランスに相当する」と、私は考えています。いいキーワードが設定できると、広いエントランスができてお客様が入りやすい、つまり多くの方に商品情報を見ていただきやすくなったり、該当のワードで検索したときに、上のほうに表示されやすくなります。

【ECモールの成功はキーワード設定がカギ】

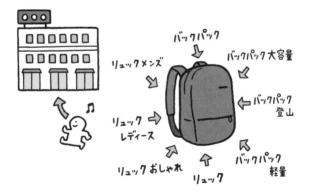

クラファンとは違い、ＥＣモールは競合と常に比較されるサバイバル環境です。その中で、自分の商品を見つけてもらうには、**検索上位（あるワードで検索をかけたとき、上のほうに表示される）になることが必須**です。

商品の魅力や特徴が伝わりやすく、情報に過不足がなく、なおかつよく検索されていて、競合が少ないキーワードを選ばなければいけません。

　よく検索されているキーワードは、第２章で紹介したラッコキーワード（84ページ参照）から、導き出せます。
　また、競合が少ないキーワードについては、第２章のジャンル検索でお話しした「いい塩梅の市場」と考え方は同じです。
　例えば、Amazonで「お茶」と調べると膨大な数のお茶が表示されます。ここにはペットボトルのお茶の他、粉やティーバッグ、緑茶やウーロン茶などのお茶も含まれるので当然そうなります。こういうキーワードはビッグキーワードといい、検索ボリュームがものすごく多くて競合が多いキーワードです。この中で自分の商品を見つけてもらうのは砂漠に落としたダイヤを探せというようなもの。

　そこで、キーワードを追加して「お茶　ティーバッグ」で調べなおせば、かなり検索結果が減ります。

　このように、**組み合わせて検索されることを想定したワードを設定すれば、あなたの商品が上位に表示されやすくなります。**
　また、「痩せるお茶」のように、商品の特徴を表す独自性のあるキーワードを入れる方法もあります。
　絶対に上位に表示させたい３〜５つのキーワードを厳選し、メインキーワードに設定しましょう。
　Amazonでキーワード検索の対象となる場所は次の５つ。

・商品タイトル
・検索キーワード（これはユーザーからは見えません）
・仕様
・商品説明文
・A+（商品紹介コンテンツ）

　この５つには、いいキーワードを入れられるよう意識してください。
　５つの中でも、**一番影響力が強いのは「商品タイトル」**です。
　Amazonでとんでもなく長い商品名を見ることがありますが（特にガジェット界隈）、キーワードをてんこ盛りにしているから。ただ、いくらキーワードを網羅したくても、長すぎるタイトルはもちろんダメです。
　商品タイトルの考え方として重要なのは、**一つは人間の目で見て魅力的に映ること、もうひとつは検索ＡＩに認識してもらうこと**です。
　ほとんどのユーザーがスマホでAmazonを閲覧しています。
　スマホでは、検索結果のような商品が一覧表示された状態では、商品タイトルの前半しか見えません。
　そのため、**前半部分に購買意欲を掻き立てる文字列を持ってくる工夫が必要です。**

【Amazonページづくりのポイント】

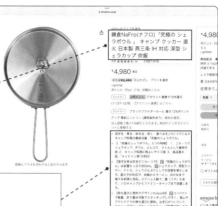

商品タイトル

最も重要なキーワードを入れる。先頭部分はスマホユーザーを意識した言葉を持ってくる

商品説明文

PCでの閲覧時は目立つ場所に配置されるが、スマホ閲覧時は後半部分はタップしないと表示されない。人間とAIの両方を意識する

A+

ブランドホルダーのみ利用可能。ユーザーの購買意欲を高めるコンテンツを作成する(他社との差別化要因など)

【ユーザーに見えない部分】検索キーワード

SEO的にはタイトルの次に重要。ユーザーの目には触れない部分なので、表示部分には書けないキーワードを入れるとよい(効果効能など)

Amazonページにも「7つの要素」を盛り込もう

　Amazonではキーワード設定がカギとお伝えしましたが、もちろん、商品画像やA＋（画像・動画による商品紹介コンテンツ）も、大事な要素です。

　売り上げを左右するページをどうつくっていくか…。それも、ここまで読んでくださったあなたなら、難しくないはず。

　まず、ページに盛り込みたい要素は、クラファンのページづくり（170ページ参照）で伝えたものと同様です。

　ページのつくり上入れられないものもあるかと思いますが、**「喚起、結果、証拠、信用・権威、共鳴、ストーリー、クロージング」**この要素をA＋や商品紹介等に盛り込み、**「この商品を買ったらどんないいことがあるか」**を読者に想像させるようなページをつくっていきましょう。

　また、このページづくりで活きるのが、第2～3章で行った商品リサーチです。

　2～3章で、ライバル商品のAmazonページをいやというほど分析したはず。

　そこで見つけた**「商品の見せ方（商品写真の撮り方、A＋のつくり方等）」「よさの伝え方（商品説明の冒頭にはどんな言葉がある？　等）」**なども参考にし、自分の商品のウリを最もよく伝えられる方法を探ります。

また、テクニカルな話になりますが、商品タイトルの書き方や順番などの細則はアップデートされるので、Amazonのガイドラインは要確認です。

特に、出品者のみが閲覧できる**Amazon出品大学**というサービスはわかりやすいのでおすすめです。

ガイドラインにのっとって商品登録をすすめてくださいね。

Amazon出品大学
https://sell.amazon.co.jp/learn/seller-university

**いよいよ、Amazon販売！
めちゃくちゃ売るぞ〜！**

**直接お客様に会えないAmazonという売り場だからこそ、ページづくりは重要。
買い手のベネフィットをしっかり伝えましょう。**

在庫と広告、ここを押さえれば怖くない!

　販売にかかわる問題で気になるのが、在庫と広告のことですよね。この章の最後に簡単にこの2つについてお話できたらと思います。

▶在庫

　せっかく販売を始めるのであれば、在庫はきらしたくありません。でも在庫を持ちすぎるのは少し怖いところもあります。

　在庫をどれだけ持っておくかの判断で、最も役立つのは、やはり**セラースプライト**（92ページ参照）。このツールで競合商品の大体の売れ行きまでわかるのです。

　Amazon販売を始めたばかりのタイミングであれば、競合商品の売れ行きをチェックし、それをベースに1カ月の売れ行きを予測して在庫を持っておくというのは、一つの方法です。

　ただ、セラースプライトは有料サービスですし、プロであっても売り上げはなかなか読めないもの。在庫ぎれしてしまったとしても、その分発注すればいいだけなので、あまり悩みすぎずに臨機応変に対応していきましょう。

▶広告

　ここは発売開始前と開始後に分けて考えましょう。

❶発売前

　クラファンと同様にプレローンチを実施しましょう。ＳＮＳ

広告でLPにアクセスを集めてLINE登録を促します（もしクラファンでプレローンチを実施していれば、このときに使ったLPを少し改良するだけでOKです）。

Amazon発売日に、LINE登録してくれたユーザーに一斉に告知してAmazon内の検索順位を一気に上げることが狙いです。

Amazon内の検索順位が上がれば、あなたの商品を目にするユーザーが増えるので、自然と販売数も増えていきます。販売数が増えれば、さらに検索順位が上がり、さらに多くのユーザーの目に留まることが可能となります。プレローンチをすることで、このような好循環が生まれます。

❷発売後

発売後にまず実施するべきなのは**Amazon広告**です。

Amazon広告は大きくわけて3種類。

1 スポンサープロダクト広告（SP広告）

Googleのキーワード広告と同じような仕組みで、Amazon出品者は誰でも使うことができます。

2 スポンサーディスプレイ広告（SD広告）

いわゆるバナー広告。Amazonブランド登録済みのセラーのみ利用可能です。

3 スポンサーブランド広告（SB広告）

商品ページではなく、ストアページ（ブランドページ）に誘導する広告で、Amazonブランド登録済みのセラーが使用できます。

まずはスポンサープロダクト広告に注力しましょう。

スポンサープロダクト広告はAmazon内の検索結果の上位に表示されるので（つまり具体的に商品を探しているユーザーに見せることができる）、非常に効率がよい広告です。スポンサープロダクト広告に最も多くの広告費を投入しましょう。

次に注力したいのが、スポンサーディスプレイ広告やスポンサーブランド広告。これらはAmazon内でビジュアルで表現したり、ブランドを強化できる広告です。可能なら実施してみましょう。

さらに予算に余裕があれば「ＳＮＳ広告」を打つのも効果的です。

販売前〜販売開始直後が最も頑張るべきタイミングです。

ここで頑張って露出を増やすと、のちのち販売がラクになってきます。

販売が軌道に乗ったあとも、費用面で無理ない範囲で、広告を打っていきましょう。

「ひとりメーカー」の教科書

第 5 章

ステップ4

どう拡大する?

ひとりメーカーを
さらに拡大するための
仕組み化と販路拡大

まーたクラファンの応援コメント読み返してるの？

へへ…。この「商品ストーリーに共感しました！」とかうれしくて…。ダメリーマンだった俺が、こんなにたくさんの人に応援してもらえる日がくるなんてさ…。

いやいや、応援してもらったのは枕でしょ？ それに、私のひとり応援団じゃ物足りなかった？

ごめん！ めいちゃんはずっと、たったひとり俺の味方でいてくれたのに。苦労ばかりかけたけど、これでやっと二人でゆとりを持って暮らせるね。Amazonでも順調に売れ始めているし、こんな幸せが訪れるなんてあの日の俺には…。

ちょっと、ちょっと。まだやることがありますよ。

ひょえっ！ えっ、これで終わりじゃないんですか？

ずっと同じ商品が売れ続けると思いますか？ せっかくブランドをつくったのに、これじゃ一発屋ですよ。

ひぃ、もうちょいひたっていたかった…。

ひとりメーカーのよさは「拡大していける」ことにあり

ます。ここでやめたら、ひとりメーカーの魅力も半減どころか8割減ですよ！

で、でももうやり切った感が。他に何かできます…？

まずは販路を増やすこと。まだ出店していないネットショップで売ったり、自社ECサイトをつくって売ったり。実店舗での販売も視野に入れてもいいでしょう。

そっか、出店料が高いから尻込みしてたけど、ここまでの利益を資金にして楽天とかでも売りたいよね。

そうです。資金が増えればできることが増えていきます。広告の出稿もできるし、新商品の開発にもお金を回せます。

新商品の開発!? 夫婦二人でやってるので、これ以上手が回らないですよぉ…。会社も残業多いし…。

あれ？ ひとりメーカーの掟を忘れましたか？

…！ 人を頼る！

そう。今まではお二人でやっていたことも、資金に余裕ができたら人に依頼できますよね。特に雑務は早めに人に任せて、空いた時間で価値を生む活動をしましょう。

でも、なんでも人に頼ったらお金があっという間になくなってしまうんじゃ…。

 人じゃなくても、ＡＩやウェブツールでできることもどんどん増えていますよ。どこまでツールを使うか、人に頼るか、整理して早めに仕組み化することです。いつまでも「自分でやったほうが早い」ではいずれ手詰まりになります。だから「どうすれば手放せるか」のほうに知恵を絞りましょう。

 わかりました…。雇われの身なもので、どうしても人に頼るのって抵抗があって。

 わかります。私も最初は全部自分でやっていました。しかし、事業を拡大していくためにも、プライベートな時間を増やすためにも、頼ることを頑張らなきゃだめです。何のためにひとりメーカーを始めたのか思い出してください。自由になるためですよね。仕事でいっぱいいっぱいじゃ本末転倒ですから。

——１年後

 ただいま！ めいちゃん、体調どう？

 もう全然大丈夫。私も展示会行きたかったなぁ。

よかった！ そういえば、会場で前の職場の人に会ったよ。みんな上司の愚痴ばかりいってて、なんか懐かしかったなぁ。後輩が「あのときは、ひとり負けっていってすみません。今はひとり勝ちっすね」だって。

あはは。マツイさんは仲間がいたほうがひとりメーカーを続けるモチベーションになるっていってたよね。みんなも誘ってみたら？

うん。聞かれたらなんでも教えるっていったんだ。俺も、めいちゃんと「ふたりメーカー」だったからできた。本当にありがとう。

うん、こちらこそありがとう。でね。実はもうすぐ、うちは三人メーカーになりそうなんだけど、何とかなりそうかい？ パパ。

うん、うん？ …えっ？ ええーーっ!!

Amazon以外の販路へどう拡大する？

　Amazonでの販売が順調にいったなら、これからもAmazonだけに絞って販売してもよいのですが、他の販売チャネルに販路を拡大していく方法もあります。

　具体的には、楽天、Yahoo! ショッピングといったAmazon以外のＥＣモールに出店する方法と、自分でＥＣショップを開設して売る方法。

　さらに、実店舗で販売する方法もあります。

　それぞれのメリット・デメリットを踏まえて、次の一手を考えてみてください。

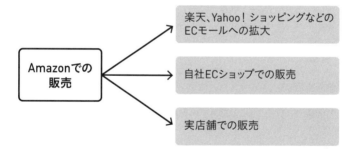

①ECモールへの拡大

　ECモールについては、前章でも話しましたが、ざっとおさらいです。ECモールは何といってもすでに人でにぎわっている場所に出店するので、**自分で集客する手間が少なく、売りやすいというメリットがあります。**

　消費者にとっても、Amazonや楽天で購入したという安心感がありますね。また、Amazonで販売したノウハウを活かせるので、販路拡大では３大ECモール（Amazon、楽天市場、Yahoo!ショッピング）を制覇することから始めるのがおすすめです。

　ここで、Amazon以外の２つのモールの特徴を押さえておきましょう。

楽天市場の特徴	Yahoo! ショッピングの特徴
・Amazonとは違い、商品だけではなく「お店を出す（出店型）」ので、店舗の独自性を出しやすい ・商品ページの自由度が高い ・Amazonに比べると価格競争になりにくい ・出店時に最低30万円かかる	・固定費が無料 ・商品ページの自由度が高い ・Amazon、楽天と比べると集客力が弱い ・独自の「優良配送」の基準をクリアしないと検索上位に上がらない

第5章　ステップ4：どう拡大する？

②自社ECショップで販売

　自分でECショップをつくれば、自分のお店なので**自由度の高さはダントツ**です。また、**顧客情報が活用できる**（ECモールではできません）ので、**今後の集客や分析に活かせます**。ページ構成も思うがままだし、販売手数料もかかりません。また、ブランディングのことを考えれば、ECショップの存在はかなり重要。Googleにてブランド名で検索したときにAmazonや楽天のページしか表示されないのと、公式ショップがあるのとではイメージが異なります。

　ネックになるのは集客でしょう。ここまで読んできたあなたなら「広告をかければ解決するんじゃないの？」と思われるかもしれませんね。しかし今度は、広告費と売り上げがトントンとかマイナスになりかねません。**自社のECショップをまわしていくには、商品単価を上げる、SNSに注力するといった工夫が必要です**。

　自社サイトECを構築するには大きく２つの方法があります。ゼロイチでサイトを構築する「フルスクラッチ」と、初めからある程度の機能を備えた「ASP（インターネットを通じてアプリケーションサービスを提供する事業者）のカートサービス」を使用する方法です。

　２つのうち前者は予算が数百万円から場合によっては数千万円以上かかるため、規模が大きい企業向けの方法です。そのため個人や小規模事業者などのスモールビジネスでは、後者の

ASPのカートサービスを利用します。

カートサービスには多くの会社が参入していますが、私がおすすめするのはBASEとshopifyの２つのカートサービスです。

BASE
https://thebase.com/

shopify
https://www.shopify.com/jp

BASEは固定費がかからず、素人でも簡単にショップがつくれるので、最小限の機能で問題ない方におすすめ。ただし販売手数料が他のサービスよりも高い点がデメリット。つまり売り上げが少ないうちはいいですが、売り上げが大きくなってくると手数料の負担が大きくなります。

より本格的な自社ＥＣサイトを構築したい場合はshopifyがおすすめです。BASEと異なり固定費が月$29〜かかりますが、それでも多くの他社のカートサービスと比較すればリーズナブルでしょう。

shopifyの特徴は、独自のアプリケーションの経済圏が出来上がっていることです。世界中のサードパーティーが開発したさまざまな便利なアプリが用意されているので、簡単に機能を拡張することが可能です。

BASE

固定費：無料
決済手数料：6.6%+40円
特徴：ショップつくりが超簡単

---

shopify

固定費：月$29〜
決済手数料：3.4%〜
特徴：拡張性が高い、ＳＮＳ広告との連携が簡単

③実店舗で販売

　実店舗での販売は、ＥＣに比べると利益率や自由度の低さなどの気になる点はあるものの、手間が少なく、何より自分のつくった商品が実際に店に並び、お客様に直接見て、手に取って選んでもらえるというよさがあります。

　実店舗で販売するなら、卸売業者を介して基本的には小売店に卸して売ってもらうことになります。

【小売り販売の流れ】

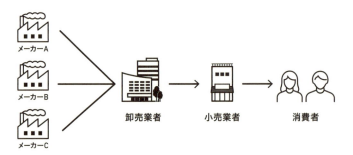

お店の方が販売も顧客対応も行ってくれるので、自分で販売施策に頭を悩ます必要もないし、発送の手間もありません。
　また、いくらネットショップが普及しているとはいえ、お客様にとって**実店舗で売っている商品に勝る安心感**はないでしょう。そういう意味ではブランディングの価値は十分あります。

実店舗のデメリットは、利益率です。利益率が低く、キャッシュフローが悪いのはかなりの痛手です。物は売れているのにお金が２カ月以上後にしか入ってこない。他の販路も動かしていなければ、黒字倒産なんてこともあり得ます。

また、Amazonや自分のＥＣショップで店舗より安く売ることは基本できません。

ちなみに、卸売り先を見つける方法は、国内展示会に出展するのが最も効率がよくおすすめです。第３章でもお話ししたギフトショーやライフスタイルWeekに、場合によっては仲間と共同出展します。また、クラファンやプレスリリースを見た企業から直接連絡がくることもあります。

商談で必要なこと

卸経由で販売をすると決めたなら、はじめての商談では何を準備するべきか。また、どんなことを確認すればよいのかもお話しします。

まず、商談で確認するべきは以下のことです。

・掛け率（卸が仕入れるときにいくらの価格で仕入れるか。商品価格の60％で卸が仕入れるときは、6がけ。商品価格の50％で卸が仕入れるときは、5がけといういい方をする）
・支払サイト（入金の締め日と支払日）
・納品先の数と場所
・納品時の決まりごと
・販促協力内容（例えば、量販店からPOPや小什器、カタロ

グや動画、その動画を映すモニターといった販促物の提供を
依頼される場合がある）

商談に臨むときは、以下のものを用意しておきましょう。

・**商品サンプル**
・**商品カタログ** ※カタログと会社案内が一緒になっている冊子を
・**会社案内** 　一つつくればOK

また、実店舗で販売する場合は専用のパッケージが必要になります。**JANコードや販売元の連絡先、さらに紙・プラなどのリサイクルマークなど、店舗で売るなら必須の表示項目**もあります。

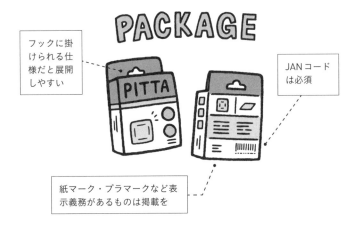

さらに、パッケージには一緒に陳列されている商品に見劣りしないデザインも求められます。

パッケージデザインはいつものようにクラウドワークスなど

で依頼すればOK。コンペをして一番よいデザインを選ぶのもいいですね。

　先ほどお話した必須の印刷要素を入れることを忘れずに伝えてください。

　工場によってはパッケージのデザインデータを送れば、工場でパッケージ作成・商品梱包をして出荷してくれることもあります（もちろん、費用は追加でかかります）。工場にパッケージ作成・梱包を依頼できない場合は、パッケージ作成・梱包はそれらを専門に行う別の工場や代行業者に依頼しましょう。

ＪＡＮコードって、バーコードのことなのか…！
普段気にせず目にしているパッケージだけど、
いろんな決まりがあるんだな…。

お客様にとって魅力的なパッケージにするのはもちろん、「お店に並べるときに便利か、目立つか」も、意識したいよね。

失敗しない！
商品ラインナップの増やし方

　もし、最初の商品の販売がうまくいき、ラインナップを増やしたいとなったときは、**できるだけ同じジャンルの商品をつくることをおすすめします。**

　一つめの商品企画時にしっかりリサーチをしているはずなので、リサーチがラクだったり、ページ作成なども要点をつかんでつくれるはずだからです。

　また、一つめの商品販売時に得た販売データなども活用できますし、「キャンプブランド」「寝具をつくっているブランド」など、ユーザーにも認知してもらいやすいでしょう。

　また、商品が順調に売れていたとしても、「露出を増やして認知を高める」ことをお忘れなく。

　ＳＮＳ投稿、イベント出店やポップアップストアなどで、ユーザーとの接点を増やしてくださいね。

「仕事」に集中するため、人にうまく任せよう

ここまで何度か話してきた通り、ひとりメーカーのキモは自分一人で全部やらないことです。

あなたがすべての工程にがっつりかかわっていては、事業を拡大していくことも、安定的に運営していくこともできません。**自分でどこまでやるのか、誰に何を任せるのかを仕組み化することは、ひとりメーカーの運営には必須です。**

しかし、会社員としていわば「雇われ」で働いてきた人にとって、人を雇う側になるのは結構抵抗があると思います。実は私もそうでした。意外かもしれませんが、最初は人に頼ることなんてできないと思っていたのです。

しかし、こう考えてみてください。あなたのやるべきことは仕事なのか、それとも作業なのかということ。

仕事とは「価値を生む活動」です。
作業とは「仕事を実現するための活動」です。

あなたがやるべきは？　もちろん「仕事」ですよね。

時間は有限で、あなたは一人しかいません。自分でない誰かができる「作業」は外注化しなければ、何も成すことはできません。

外注化、仕組み化をしていくと、自分の中で「仕事」が整理され、何が自分のやるべきこと優先順位づけされます。そういう意味でも外注化は効果的です。

「作業」以外も人に頼れるだけ頼りましょう。

 自分で時間をかければできるけど、プロのほうが早くいいものができることや、得意ではないことも外注化する基準になります。

 やっていて楽しいこと、好きなことなら自分でやってもいいですが、それは本当に「価値を生む活動」なのか？ を問うことは大事です。

 たとえ在庫管理が大好きでも、それだけやっているわけにはいきません。具体的にいえば、**商品コンセプトづくりなど、商品開発の根幹にかかわる部分は自分でやります**。その中でも、ピックアップした競合のスペックを一覧化してほしいなど「作業」に類するであろう部分は誰かに依頼してもよいでしょう。

自分でやること	外注など人に任せること
・商品企画やブランディングのアイデア出し等、商品づくりの根幹にかかわる仕事	・苦手なこと ・単純作業

「人に頼むのが苦手」でもできる外注法とは

外注化・仕組み化のコツは「使えるものはどんどん使う」こと。

具体的には

・クラウドワーカー
・専門業者
・システム

の3つをうまく使いこなしましょう。

最近まで人間にしかできなかったことも、今はAIやウェブ上の無料ツールなどで代用できる時代です。
第3章でも紹介したセラースプライトのように自動で商品レビューをさらってくれるツールもあれば、CanvaのようにAIでプロ並みのデザインをつくれるツールもあります。
翻訳ツールもどんどん進化していますね。こういうものも使えば、外注費も減らせます。

人でなくてもできることはこのようにシステムに任せ、人にしかできないものはクラウドワーカーや、代行会社のような専門業者に依頼することを考えましょう。

私は業務ごとに人を探して依頼していますが、外注で人を雇

うのに慣れておらず、ハードルが高いなら、クラウドワーカーを多く抱えている会社に依頼して、そちらで人を見繕ってもらってもよいと思います。

私も最初はオンライン秘書のようなサービスを利用して、雑務をまとめてお願いしていました。

このようなサービスを利用すると、料金は割高になるものの、今お願いしている人が辞めても、すぐ次の人を紹介してくれたりするので安心感はあります。

もしも、不良品が出てしまったら…？

 万全を期して商品をつくっていても、何かの原因で不良品が出てしまうことは残念ながらあります。もし、商品発売後にお客様から商品不良の連絡がきたら、どう対応すべきか、簡単にお伝えしましょう。状況は商品ごとに異なると思われるので、ここに書いてあることだけでなく、そのときの状況に合わせ、臨機応変に対応してくださいね。

まず、お客様がお持ちの商品の状態をしっかり確認しましょう。可能であれば、状態がわかる写真なども送ってもらえるといいですね。使い方の問題ではなく明らかな初期不良であれば、返金か商品交換を行います。お客様の要望に合った対応を行ってください。

また、「商品が使えない」とお客様から連絡があった場合でも、ものによってはお客様が使い方を間違っていて使えていないというケースもあります。このようなケースは取扱説明書をしっかり作成することで未然に防げるでしょう。

効果的な外注活用のための3つのポイント

❶ やってほしいことを明確化する

誰に、何をどこまでやってもらうかを整理してから外注するようにしましょう。業務内容をマニュアル化し、絶対にやってほしいこと、これだけは守ってほしいこともまとめて渡せるようにしておきます。

特に「どこまでやるか」ですが、あとから「ここまでやれとはいわれていない」という話になるのを防ぐために、業務の範疇を伝えておくのはもちろんのこと、**「いわれたことだけではなく、やったほうがよいと思ったことを考えつつ、自立して動いてほしい」** という前提でお願いできるといいでしょう。

❷ 進捗や情報はこまめに共有

正社員ですら、いきなり会社に来なくなることもある今。関係性の薄い業務委託だと、ある日突然連絡がとれなくなることもあるでしょう。一番恐ろしいのは、その人にしかわからない業務が引き継がれないこと。

業務が不透明にならないように、常に情報や進捗を共有してもらってください。 定期的にオンラインでミーティングを行い、気がかりなことや困っていることをヒアリングしておくことも大切ですね。

細かい話ですが、私は外部とのやり取りはChatworkですが、

社内のやり取りはあえてSlackを使っています。Chatworkはグループ、あるいは個人単位で外部からは見えない小部屋で会話する仕組みですが、Slackは別の会議室で会話が行われている様子が外からも見える仕組みになっています。

　自分に関係のないやり取りは細かく見ることはないものの、他のスタッフと私がやり取りしているなど、自分以外の人が動いているのが見えることで、孤立感を防ぎ、辞めにくくなる状況を狙っています。

❸マニュアル整備を依頼する

　また、マニュアルは整備することも大事です。
　最初はこちらで用意するのですが、実際にやってみるとマニュアル通りにいかないところや、もっと効率のよいやり方、情報のアップデートなどがあるものです。**そのマニュアルの更新もスタッフの方々に一緒にやってもらいましょう。**
　そうすることで、いずれ新しい人を雇ったときにもその人に引継ぎをお願いできたり、スタッフ教育まで任せられるようになっていきます。
　仕事や責任が増えたら報酬アップも検討し、こちらも長く働き続けてもらう努力をしましょう。

仕組み化に欠かせない
電話代行・Mail Dealer

　私の会社は顧客からの問い合わせを、電話、LINE、メールで受けつけています。

　メールやLINEであれば業務委託した人に対応してもらえますが、電話だといつでも出てもらえる人ばかりとは限りません。では電話をやめたらいいと思うかもしれませんが、やはり電話対応があると顧客の安心感につながります。**電話対応を委託する場合は、電話代行サービスを利用するのも手です**。一次対応を代行業者が行い、すべて折り返しにして、こちらに問い合わせ内容と顧客情報を伝えてもらう方法を活用しています。

　あなたが折り返すのでもよいですし、スタッフに依頼してもOK。法人の電話番号をスマホで受発信できるサービスがあるので、そのようなサービスに加入すると、会社が通話料を負担しつつ、スタッフ個人のスマホから折り返し対応をしてもらうことが可能になります。

　メール対応については、販売チャネルが増えてきたら、クラウド型のメール共有システムを利用するのがおすすめです。

　私が使っているのはMail Dealerというサービスです。通常なら、楽天に届いた顧客のメールは楽天の管理画面を開いて対応、AmazonならAmazonの管理画面から…と面倒なのですが、Mail Dealerなら、さまざまなプラットフォームに届くメールを一元管理できるので便利です。

Mail Dealer
https://www.maildealer.jp/

受注から発送まで
全部自動化できるサービスも

　ＥＣ周りの受発注管理や商品の発送を一括で任せたい、という場合は「**NEXT ENGINE**」というＥＣ運営をサポートするサービスを利用する方法もあります。

　このサービスを使うと、さまざまなＥＣモール、自社ＥＣショップの受注処理や、在庫管理、サンクスメールなどの送信、商品の発送に至るまで、ＥＣ運営のバックエンド業務の大半を自動化できるのです。

　ある程度規模が大きくなったら、このように自動化・効率化の範囲を広げることで、自分にとって重要な「仕事」に費やせる時間をさらに増やせます。ひとりメーカーにとって便利なサービスが次々と現れるので、いい時代になったとつくづく思います。

NEXT ENGINE
https://next-engine.net/

「ひとりメーカー」は、
いかに「他力」をうまく活かせるかが大事です。
資金に余裕が出てきたら
便利なサービスをどんどん使っていきましょう。

AIを最高の相棒にする方法

　ひとりメーカーとAIツールの相性はかなりよく、AIツールを使いこなせば、スタッフ2、3人を雇用したのと同じくらいの働きをしてくれます。

　さすがにそれは大げさかもしれませんが、場合によっては、AIがしてくれることはもはや人ができることの範疇を超えているとさえ思います。

SEOライティングや翻訳などテキストの分野のみならず、ロゴデザインや画像処理、アイデア出しや情報収集もAIならお手の物です。

　何かと孤独になりがちなひとりメーカーですが（好んでそういう環境に身を置いているとはいえ）、たまには雑談したいときもあるじゃないですか。経営相談や、ちょっと人生相談したいときも…。実はChatGPTはそういうお悩みにも対応してくれますし、かなり納得のいく答えが返ってきます。考えても見れば、世界中の経営論や心理学の本や論文を学習しているのですから当然かもしれません。

　AIは頼れるブレーンであり、よき相棒なので、ぜひ使いこなせるようになってください。

AIツールでできること❶ アイデアの壁打ち

　AIは優秀な経営パートナーやコンサルのような役割も果たしてくれます。

孫正義氏はChatGPTをディベートの相手にしていると話しており、部下と議論するより面白いとまでいっています。

　部下どころか、社員が誰もいない私たちにこそAIが必要です。アイデア出しの段階からどんどんAIと話しましょう。笑われたりけなされたりする心配もないし、偏りのない膨大かつ最新の知識から建設的な答えを返してくれます。

AIツールでできること❷ 競合調査

　第2章で話したような競合調査もAIに手伝ってもらいましょう。競合商品を探したり、商品のセールスポイントを整理したりと、情報収集の段階から大活躍です。

　商品レビューの分析も行ってくれます。一例として、セラースプライトを使って競合のレビュー分析をしてもらう方法を紹介します。セラースプライトは有料ですが販売数やトレンドがわかる便利なツールです。92ページにURLを貼っているので、そちらも合わせて再度チェックしてくださいね。

セラースプライトの使い方
❶セラースプライトのアカウントを作成
❷Google chromeの拡張機能にセラースプライトを追加
❸Amazonで競合商品のページを開く
❹「AI分析レポート作成」をクリック
❺しばらく待つと、サマリーが表示される

AIツールでできること❸ キャッチコピーや説明文の相談

　第4章でもクラファンの説明文をＡＩで書いてもらうといいという話をしました。いくつかのキーワードを伝えれば、自然かつ魅力的な商品説明をつくってもらうことができます。

　商品説明文の書き方の一例をご紹介しましょう。ChatGPTでもよいですが、現時点ではClaudeというツールを使うとより自然な日本語になるのでおすすめです。

❶商品の特徴やスペックをあらかじめ箇条書きにしておく
❷次のような指示を入力する

＊＊＊＊
あなたは優秀なライターです。
ＥＣ用に商品説明文を作成してください。
消費者にとってわかりやすく、購入したくなるよう、必要に応じて見出しをつけて作成してください。
文字数は○○文字程度でお願いします。

以下、箇条書きの商品情報
＊＊＊＊

　商品やブランドのキャッチコピーも、ＡＩにアイデアを出してもらうこともできます。さすがにドンピシャで使えるものはそれほどないですが、自分だけでは決して思いつかないアイデアが出てくるので、組み合わせたり、ちょっとずらしたりする

ことで、一人でも結構いいコピーがつくれます。

Claude
https://claude.ai

AIツールでできること❹ 英語のスペルチェック

外国語の翻訳にAIを使っている方はもうかなりいると思いますが、私はスペルチェックやネイティブチェックのような方法でも使っています。

あるとき、商品のパッケージに英文を入れてもらったのですが（信用していないわけではないけど）、念のためのChatGPTにチェックしてもらったら、一つだけカンマが抜けているのを発見してくれました。

万全を期すならクラウドソーシングで翻訳家やネイティブに依頼すればよいのですが、文法的に正しいか、自然な言い回しかどうかはChatGPTでもチェックできます。

AIツールでできること❺ 画像処理

ここまで何度かご紹介した、デザインツールのCanvaですが、このツールはAIで画像の生成を行ったり、画像処理をしたりと多機能です。今までは高額な画像処理ソフトと、それなりの技術を持っていないとできなかった背景除去も、これを使えばワンクリックでできます。

Amazonの1枚目の商品画像は白背景にしなければいけないのですが、有料版であるCanva proの「背景除去」機能を使えばあっという間にできます。

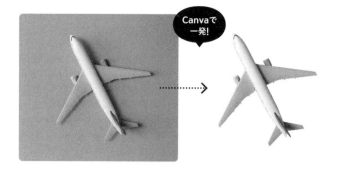

　いかがでしょうか。AIを味方につけ、業務を効率化していきましょう。
　そうして余った時間で新たな商品をつくることで、ひとりメーカーとしてより多くの価値を生み出せるようになるはずです。

「ひとりメーカー」成功のために
大事なこと

　ひとりメーカーは、ひとりで始められる気楽な仕事ですが、多くのことが自分の責任になります。うまくいかないことが続くと「もう無理！」と思ってしまうこともあるでしょう。

　そんなときのために、この道約10年の私が、ひとりメーカーで成功するために大事なことをお伝えします。
「もうやめようかな」と思ったとき、ここにある言葉を思い出してもらえたらうれしいです。

成功のPOINT❶ とにかく続ける

どんな事業でも続けることが一番重要です。

　よく言われがちなことですが、諦めなければ失敗はありません。成功するまで続ければよいだけだからです。

　商品が売れなかったからといって「もうだめだ」と放り出すのではなく、「どこを改善したらいいのかな」と次のステップへの足掛かりとしていくこと。本当にそれしかないです。

　また、最初からすべてうまくできる人はいません。特に「新しい商品を生み出す」ひとりメーカーという仕事に、小さな失敗はつきものでしょう。

　私も独立してすぐの頃に、ドイツ製のバックパックを大ロットで仕入れてしまい、1年経っても在庫がはけず、困ったことがありました。それでも「バックパックで失敗したから、もうやめよう」で事業をやめてしまえば、そこですべてが終わりです。

やめずに続けたからこそ、2億円規模のビジネスに拡大ができたと思っています。多少の失敗にめげずに、事業を続けられるか否かは、とても大きなポイントです。

成功のPOINT❷ 完璧を目指しすぎない

「最初から完璧を目指さないこと」も大事です。いきなり大きな成功を目指す必要もありません。

多くの実践者を見ていても感じますが、小さい成果でも大喜びできる人が、最終的に大きな成功を収めています。

もちろん、商品のクオリティなど、妥協してはいけないところもありますが、**全方位的に完璧を目指すのはやめましょう。**

このことは、過程についてもいえます。商品づくりの過程でも、いきなりすべて完璧にできなくてもいいのです。商品の着用写真だって、モデルさんやカメラマンに依頼するお金がないなら、自分や家族がモデルやカメラマンになってもいい。ひとりだからこそ柔軟に、臨機応変に対応していきましょう。

成功のPOINT❸ 何事にも好奇心を持つ

柔軟に考える力、物事を受け入れる力も、ひとりメーカー成功には欠かせません。**商品企画のネタは日々の生活の中にあります。**

「よく知らないから」と敬遠せず、人気があるものはまずは見てみる・触れてみる・体験してみることをおすすめします。

話題のアニメを見たり、新しいスポットに足を運んでみたりしましょう。ミーハー力が高いほうが、多くの方にウケる商品

をつくることができます。

　売れているものに対する感度も重要です。今何が売れているのかを知り、なんで売れているのかを考える癖をつけましょう。街を歩いたり、電車のつり広告を見たり、店頭を見たりしてヒントを探します。それらのヒントを柔軟に企画に取り入れることが、商品づくりのカギを握ります。

成功のPOINT❹ 仲間をつくる

　最後はおまけ的な感じですが、**「仲間をつくれる」と、事業を続けるモチベーションがわくのでおすすめです。**

　ひとりメーカーという名前ですが、ずっとひとりで走り続けないといけないわけではありません。

　一緒に事業をする人を募る必要はありませんが、何かあったときに相談できる同業者の仲間をつくっておくと、心の安定につながります。

　何かあったときに悩みを共有できたり、励まし合ったりできる存在がいるのはとても心強いものです。うまくいっている実践者の方たちを見ていると、積極的にいろいろなコミュニティに参加して仲間をつくったり、夫婦で実践したりして、上手に人を巻き込んでいるので途中で挫折せず、成果が出るまで続けられるのかなと思います。

第 **5** 章

ステップ4：どう拡大する？

おわりに

「難しいからやろうとしないのではない。やろうとしないから難しいのだ」
この言葉は、古代ローマ帝国の哲学者であり詩人のルキウス・アンナエウス・セネカの言葉です。

自分の人生を振り返ってみると、本当にその通りだなと実感します。
何か新しいことを始めようとするとき、つい立ち止まって考え込んでしまう。「失敗したらどうしよう」そんな不安が頭をよぎって、一歩が踏み出せない。そして「忙しくて時間がない」など、できない言い訳ばかりを自分にしていました。
でも、思い切って動き出してみると、意外とうまくいくものなんです。
むしろ、後先考えずに飛び込んでみたほうが、思わぬ展開に恵まれたり、新しい可能性が開けたり。今ふり返ると、あのとき勇気を出して踏み出した一歩が、その後の人生を大きく変えてくれたんだなと感じています。

思い返すと、私はまさに「ダメサラリーマン」そのものでした。毎日ただ会社に行って、いわれた仕事をこなすだけ。

給料は上がらないし、でもその原因を
「会社が悪い」「上司のせいだ」って、ずっと人の
せいにしてました。不満は募るばかりなのに、自分で
何かを変えようとする気もなく、休みの日はゴロゴロ、ダ
ラダラと過ごす。そんな私の転機は、思いがけずMBA（経
営大学院）に挑戦しようと決めたときでした。

正直、MBAに通い始めたときは、何も考えていませんでした。
ただなんとなく「今のままじゃいけない」って思いだけで飛
び込んだのです。
クラスメートはさまざまな業界のすごい人ばかり。最初は「こ
んな人たちと何を話せばいいんだろう」って萎縮していました。
でも、そんな中である決心をしたんです。
「とにかく、自分にできることからやってみよう」って。

すると不思議なもので、そうやって一生懸命取り組んでいたら、
最後には卒業研究が認められて、思いもよらず学長賞をいた
だきました。さらに卒業後、会社でたまたま実施された新規
事業コンクールに、大学院の卒業研究で書いた内容をそのま
ま応募してみたところ、見事に入賞。
大きい会社だったので、それまでは私のような末端の社員が
直接口をきけるような相手ではなかったはずの社長や役員
の方々に評価していただき、その流れで同社初の海外
事業の立ち上げメンバーに抜擢されました。

今では、自分の時間を自由に使いながら、毎日がとても充実しています。
　この経験で気づいたのは、最初から完璧を目指す必要なんてないってこと。とにかく一歩を踏み出してみる、それだけで世界が変わり始めるんです。たとえその一歩が小さくても、踏み出さないよりずっといい。
この本を手に取ってくださったあなたも、きっと何か変化を求めているんじゃないでしょうか。人生は一度きり。誰かのためじゃなく、自分らしく生きていく――そのきっかけに、この本が少しでも役立ってくれたら本当に嬉しいです。

なお、本書ではどうしてもページ数の関係でお伝えしきれなかったノウハウがまだまだたくさんあります。ご興味がありましたら以下のQRコードから当社の公式LINEに友だち登録していただくと、さらに詳細な情報や、より事業を発展させるノウハウが受け取れます。

最後に、この本を書くに至るまでに、本当にたくさんの方々に支えられてきました。とりわけの次の方々に謝辞を述べたいと思います。

大前研一先生
一念発起して飛び込んだビジネススクールで大前先生に認められたことで、私は何もなかった自分の人生を大きく変える勇気を持つことができました。

一般社団法人まじめに輸入ビジネスを研究する会
大竹秀明氏
株式会社SAATS　林一馬氏
いちプレーヤーだった私を講師として誘っていただいたことで、人に何かを教える楽しさを知ることができました。

ネクストサービス株式会社　松尾昭仁氏
本書出版への道を開いていただいた方です。誰もが本を一冊書くに値する何かを持っているということを学びました。

この本が、あなたの人生の新しい一歩を踏み出すヒントになってくれたら、これ以上の喜びはありません。
さあ、私と一緒に自分らしい人生を歩んでいきましょう！

　　　　　　　　　　　　　2024年11月　鎌倉の自宅にて

主な参考ページ

『令和3年版　情報通信白書』総務省

『D2Cとは? 既存モデルやB2Cとの違い、メリット・デメリットについて徹底解説』
braze(https://www.braze.co.jp/resources/articles/what-is-d2c)

『D2Cはいつから始まったのか? その歴史を振り返ってみる。』
ECノウハウブログ(https://rpst.jp/blog/base_knowledge/16280/)

『ナレッジ・インサイト』
NRI(https://www.nri.com/jp/knowledge/glossary/lst/ha/product)

『新規事業の戦略にも役立つ「プロダクトライフサイクル(PLC)」とは?』
Sony Acceleration Platform(https://sony-startup-acceleration-program.com/article808.html)

『【企業分析63】男前豆腐店 株式会社』
pando(https://pando.life/article/71515)

『イノベーター理論をわかりやすく解説!【事例あり】』
東大IPC(https://www.utokyo-ipc.co.jp/column/innovation-theory/)

『「生活者のEC利用実態調査2024」レポート_オンラインショッピングの実態33項目をまとめたEC事業者のための調査レポートを公開』
itsumo(https://itsumo365.co.jp/news/23871)

本文デザイン・DTP
黒田志麻

カバー・本文イラスト
キタハラケンタ

編集協力
高比良育美

企画協力
ネクストサービス株式会社
松尾昭仁

著者紹介

マツイシンジ 株式会社ササル代表取締役。中央大学卒業後、株式会社丸井グループに入社し、店舗販売から広告宣伝、海外店舗開発まで幅広い業務を経験。その後、ビジネス・ブレークスルー大学大学院に進学。MBAを取得し、学長賞を受賞。2015年に独立し、「ひとりメーカー」として商品開発から販売までを一貫して手がける。現在は自身の経験を活かし、物販事業と並行してEC特化型の広告運用代行やひとりメーカーアドバイザーとしても活躍中。物販ビジネスの実践と研鑽を重ね、独自の経営メソッドを確立。多くの企業や起業家に向けてコンサルティングやアドバイスを行っている。

「ひとりメーカー」の教科書

2024年12月30日　第1刷

著　　者	マツイシンジ	
発　行　者	小澤源太郎	
責任編集	株式会社 プライム涌光 電話　編集部　03(3203)2850	
発　行　所	株式会社 青春出版社 東京都新宿区若松町12番1号　〒162-0056 振替番号　00190-7-98602 電話　営業部　03(3207)1916	

印刷・三松堂　製本・フォーネット社

万一、落丁、乱丁がありました節は、お取りかえします。
ISBN978-4-413-23386-6 C0034
© Shinji Matsui 2024 Printed in Japan

本書の内容の一部あるいは全部を無断で複写(コピー)することは著作権法上認められている場合を除き、禁じられています。

いまを抜け出す「すごい問いかけ」
自分にかける言葉が、想定以上の自分をつくる

林健太郎

「願い」はあなたのお部屋が叶えてくれる☆
家にいながら、望みのすべてを引き寄せる方法

佳川奈未

"思いやり"をそっと言葉にする本
「話したいこと」をうまく伝える方法

次世代コミュ力研究会[編]

図説 ここが知りたかった！ 神道

武光 誠

図説 ここが知りたかった！ 法然と極楽浄土

林田康順[監修]

青春出版社の四六判シリーズ

1日5分のアンチエイジング 洗顔革命
もう、特別な化粧品は必要ありません

北野和恵

図書館にまいこんだ こどもの【超】大質問
司書さんは名探偵！

こどもの大質問編集部[編]

あなたに合う「食養生」が見つかる本
心と体をととのえる「アストロ望診」

鈴木ゆかり 佐野正行[監修]

「うちの子、コミュ障かも？」と感じたら読む本
12歳までに育てたい「コミュニケーション脳」

田嶋英子

中学英語でもっと読みたくなる 洋書の世界
どんなレベルからでも始められる、英語読書のすすめ

林 剛司

たるみ改善！
「肌弾力」を手に入れる本
40代から差がつく！美容成分「エラスチン」を守る生活習慣
中澤日香里　中島由美[監修]

ヒロユキ先生
「新しい学力」の育て方
中学受験なしで難関大に合格する

石川清美
ずるいくらいいいことが起こる
「悪口ノート」の魔法

廣澤隆之[監修]
図説　ここが知りたかった！
日本の仏教とお経

林田佳代
ニッチで稼ぐコンサルの教科書
40代から始める一生モノの仕事

青春出版社の四六判シリーズ

河村陽子
うちの夫を「神夫」に変える方法
「私さえ我慢すれば」はもう卒業！　幸せ妻の習慣

TAKA
金魚の雪ちゃん
君がいた奇跡の10か月

えみこのおうち管理人えみこ
「えみこのおうち」

呉　真由美
「仕事力」を一瞬で全開にする
10秒「速読脳トレ」

60分で決着をつける
FX最強のシナリオ〈設計図〉
稼ぎ続ける人が「トレードの前」に決めていること

高草木陽光
ホンネがわかる
妻ことば超訳辞典

中学受験は親が9割【令和最新版】
西村則康

仕事がうまくいく人は「人と会う前」に何を考えているのか
結果につながる心理スキル
濱田恭子

真面目なままで少しだけゆるく生きてみることにした
Ryota

お母さんには言えない子どもの「本当は欲しい」がわかる本
山下エミリ

図説 ここが知りたかった！山の神々と修験道
鎌田東二［監修］

青春出版社の四六判シリーズ

実家の片づけ 親とモメない「話し方」
渡部亜矢

〈中学受験〉親子で勝ちとる最高の合格
中曽根陽子

トヨタで学んだハイブリッド仕事術
スマートインプット　ベストアウトプット
ムダの徹底排除×成果の最大化を同時に実現する33のテクニック
森　琢也

売れる「値上げ」
選ばれる商品は値上げと同時に何をしているのか
深井賢一

PANS/PANDASの正体
こだわりが強すぎる子どもたち
本間良子　本間龍介

お願い　ページわりの関係からここでは一部の既刊本しか掲載してありません。折り込みの出版案内もご参考にご覧ください。